Werner Emch · Ein bunter Strauss von Blumen mit und ohne Dornen

Werner Emch

Ein bunter Strauss von Blumen mit und ohne Dornen

Kurzgeschichten

AUGUST VON GOETHE LITERATURVERLAG

FRANKFURT A.M. · WEIMAR · LONDON · NEW YORK

Die neue Literatur, die – in Erinnerung an die Zusammenarbeit Heinrich Heines und Annette von Droste-Hülshoffs mit der Herausgeberin Elise von Hohenhausen – ein Wagnis ist, steht im Mittelpunkt der Verlagsarbeit. Das Lektorat nimmt daher Manuskripte an, um deren Einsendung das gebildete Publikum gebeten wird.

Bibliografische Information
der Deutschen Nationalbibliothek

Die Deutsche Nationalbibliothek verzeichnet diese Publikation in der Deutschen Nationalbibliografie; detaillierte bibliografische Daten sind im Internet abrufbar über http://dnb.d-nb.de.

Die Autoren des Verlags unterstützen den Bund Deutscher Schriftsteller e.V., der gemeinnützig neue Autoren bei der Verlagssuche berät. Wenn Sie sich als Leser an dieser Förderung beteiligen möchten, überweisen Sie bitte einen – auch gern geringen – Beitrag an die Volksbank Dreieich, Kto. 7305192, BLZ 505 922 00, mit dem Stichwort „Literatur fördern". Die Autoren und der Verlag danken Ihnen dafür!

Websites der Verlagshäuser der
Frankfurter Verlagsgruppe:

www.frankfurter-verlagsgruppe.de
www.frankfurter-literaturverlag.de
www.frankfurter-taschenbuchverlag.de
www.publicbookmedia.de
www.august-goethe-literaturverlag.de
www.fouque-literaturverlag.de
www.weimarer-schiller-presse.de
www.deutsche-hochschulschriften.de
www.deutsche-bibliothek-der-wissenschaften.de
www.haensel-hohenhausen.de
www.prinz-von-hohenzollern-emden.de

Gedruckt auf säurefreiem, alterungsbeständigem Papier, hergestellt aus chlorfrei gebleichtem Zellstoff (TcF-Norm).

Printed in Germany

ISBN 978-3-8372-1437-6

©2014 FRANKFURTER LITERATURVERLAG FRANKFURT AM MAIN
Ein Unternehmen der Holding
FRANKFURTER VERLAGSGRUPPE
AKTIENGESELLSCHAFT
In der Straße des Goethehauses/Großer Hirschgraben 15
D-60311 Frankfurt a/M
Tel. 069-40-894-0 • Fax 069-40-894-194
E-Mail lektorat@frankfurter-literaturverlag.de

Inhalt

Der wahrhaft gute Hirte 7

Der Batzsepp 13

Schwein gehabt 18

Makabere Mondscheingeschichte 22

Warum auch in die Ferne schweifen 25

Odyssee durch Basel 31

Schwarz wie die Nacht 37

Die Anhalterin 41

Der Tote im Heiterwald 48

Die unsichtbaren Besucher 59

Die Schöne im Internet 64

Einsam auf einer kleinen Insel 69

Aufklärung früher 73

Das Gespenst auf der „Bütze" 79

Das Ende der Feldschlange 85

Die Zeit 89

Der wahrhaft gute Hirte

Im Frühjahr 1952 erhielten meine beiden grossen Schwestern und ich jeweils ein besonderes und ziemlich wertvolles Geschenk, welches weder mit einem religiösen Feiertag noch mit unseren Geburtstagen im Zusammenhang stand. Meine sechs Jahre ältere Schwester Madeleine bekam ein fabrikneues Damenfahrrad mit moosgrünem Rahmen, und Margrit, die gerade elf Jahre alt war, eine sehr schöne Ziehharmonika. Mir schenkte man eine hochträchtige weisse Saanenziege namens Gabi.

Diese Geiss stand auf dem Seusethof. Hannes, der Bauer des Hofes, riet uns, diese Ziege bei ihm zu belassen, bis sie geworfen hatte. Ich durfte aber mit dem Tier bei schönem Wetter spazieren gehen. Dies sollte sich günstig auf die Geburt des Zickleins auswirken. Oft führte ich bei angenehmem Frühlingswetter meine Gabi auf einen Rundgang. Pünktlich brachte die Geiss ein weibliches Jungtier, welches wir Sissi tauften, zur Welt. Genau erinnere ich mich, wie Vater das Junge auf den Armen nach Hause trug und ich, im stolzen Bewusstsein, jetzt zwei Ziegen zu besitzen, mit Gabi hinterher trottete. Für mich galt es nun, möglichst schnell das Füttern, die Pflege sowie das Melken von Ziegen zu erlernen. Sehr bald hatte ich mir diese Aufgaben angeeignet und sie bedeuteten mehr Freude als Verpflichtung.

Ungefähr zweieinhalb Monate später, an einem strahlenden Sonntag im Frühsommer, besuchten uns Tante Rosa und Onkel Robert, die meine liebsten Verwandten aus der Stadt waren. Der Beliebtheitsgrad des Besuches rührte daher, dass diese Tante immer einen lustigen Spruch auf den Lippen hatte. Onkel Robert stellte mit seinem welschen Akzent die Gemütlichkeit in Person dar. Beim Mittagessen beschloss man, den Nachmittag für jeden zur freien Verfügung zu stellen. Mutter und Tante setzten sich mit Strickzeug in den Garten vor dem Haus, die Mädchen begaben sich auf eine nicht allzu grosse Radtour, während sich die männlichen Familienmitglieder zu einem knapp zweistündigen Spaziergang aufmachten.

Dieser führte uns zuerst durchs sanfte Seusettal, das mit seinen satten Wiesen und gepflegten Feldern von Wald umgeben war. Über ein Strässchen erreichten wir das idyllische Naturschutzgebiet des Bellacher Weihers. Danach führte uns die Route hinauf nach Lommiswil, ein auf der Anhöhe gelegenes Dorf. Wir gingen über einen ziemlich steilen Waldpfad. Dieser wurde, wegen eines neben dem Weg und über einige Stufen fliessenden Bächleins, auch Katzentreppe genannt.

Ein erfrischendes Getränk in einer Gartenwirtschaft war jetzt sehr willkommen! Onkel Robert und Vater diskutierten angeregt über den Gang der Uhrenindustrie, das Gedeihen von landwirtschaftlichen Kulturen und anderes mehr. Ich hingegen fühlte mich von einer nebenan befindlichen Voliere angezogen. Wildenten, Fasane und Tauben! Eigentlich freute ich mich bereits auf den Heimweg, für den wir diesmal nicht die Strasse nahmen. Ein sehr schmaler Pfad führte uns mitten durch ein grosses Getreidefeld mit ungefähr zwei Meter hohem Mais. Es erinnerte mich irgendwie an einen Dschungel. Das letzte Stück des Weges fiel steil ab. Es war ein mit ein paar Bäumen und viel Gestrüpp bewachsener Südhang. Der Weg mündete, etwa dreihundert Meter von unserem Haus entfernt, in die Strasse.

Als wir auf dieser Ortsverbindung, in einer Linkskurve, unseren Hausvorplatz einsehen konnten, verlangsamte mein Vater unvermittelt seinen Schritt und sagte: „Vor unserem Haus steht ja das Auto des Doktors!" Da es damals erst wenige motorisierte Untersätze gab, kannte jedes Kind im Dorf den grünlich grauen Käfer des Hausarztes.

Als nun noch der katholische Pfarrer, Otto Sprecher, aus der Haustür trat, schlotterten Vaters Knie so stark, dass er kaum mehr gehen konnte. Sein Gesicht verfärbte sich. Er war kreidebleich und fragte mit bebender Stimme: „Ist eines der Mädchen verunglückt!?" Meine Schwester Margrit rannte uns mit den Worten: „Es ist etwas Furchtbares passiert!", entgegen. Dies trug nicht gerade zur Beruhigung bei!

Endlich waren wir auf dem Hausvorplatz angelangt. Meine Ziege Gabi begann herzzerbrechend und schrecklich laut zu Weh klagen, als sie meinen Vater und mich erblickte. Mit Meckern hatte dieses Geschrei nicht mehr viel zu tun. Die Ziege hatte einen Verband um den Hals.

Nun erfuhren wir, was sich hier, während unseres gemütlichen Spaziergangs, zugetragen hatte: Die österreichische Hausangestellte des Metzgers Bieler führte, wie schon oft, den deutschen Schäferhund ihrer Dienstherrschaft auf einen Rundgang. Da ihr das Tier bis dahin ganz gut gehorchte, hatte sie es nicht an der Leine. Otto Sprecher, mit einem Wanderstock und, bei der Gelegenheit immer, mit einem kleinen Halstuch ausgerüstet, war strammen Schrittes unterwegs. Auf der Höhe des Weihers, unterhalb unserer Wiese mit den beiden Ziegen, hatte der Pfarrer das Gespann eingeholt und begrüsste die junge Frau freundlich. Plötzlich gewahrte der Schäferhund die Ziegen, besann sich auf seine wölfische Herkunft, schoss wie ein Pfeil los, sprang blutrünstig über den Zaun und ging blitzschnell meiner Gabi an die Gurgel. Das Blut spritzte heftig aus der Halsschlagader. Der Pfarrer warf seinen Wanderstock behände über den Zaun, flankte selbst hinterher, packte den Stock und schlug damit den Hund in die Flucht. Sprecher zerrte blitzschnell sein kleines Halstuch vom Kragen, legte es der schwer verletzten Geiss um den Hals und verhinderte, mit festem Griff, einen weiteren Blutverlust.

Ein auf der Laube sitzender Nachbar wurde Zeuge des schrecklichen Vorfalls und rannte dem Pfarrer zu Hilfe. Meine Mutter eilte ans Telefon, um den Tierarzt zu rufen. Doch sie konnte, vielleicht weil es Sonntag war, niemanden erreichen. Der Pfarrer riet, in diesem Fall den Humanmediziner Dr. Max Reinhart zu rufen. Der Arzt war zum Glück erreichbar, wollte die Ziege aber nicht behandeln, um nicht zum Gespött des Dorfes zu werden. Sprecher ging ans Telefon und sagte: „Max, Du kannst ruhig herkommen, schliesslich bin ich auch da." Fünf Minuten später war Dr. Reinhart vor Ort, nähte meiner Gabi die Halsschlagader zu und legte ihr den Verband an.

Zunächst verheilte die Wunde an Gabis Hals erstaunlich rasch. Allerdings bildete sich später, unerwartet, ein grosser Abszess, welcher vom Veterinär aufgeschnitten und verarztet werden musste. Danach war die Ziege gänzlich über dem Berg. Später war man sich einig, dass das Zicklein Sissi einen mörderischen Angriff des Schäferhundes nicht überlebt hätte. Vielleicht hatte das hoch klingende Glöcklein, welches das Jungtier um den Hals trug, den Wolfshund abgeschreckt. Auch nach längerer Zeit fragte mich Pfarrer Sprecher im Religionsunterricht immer wieder: „Was macht die Geiss?"

Die spontane Rettung meiner Ziege war nicht die einzige Handlung, bei der sich Otto Sprecher als wahrhaft guter Hirte erwiesen hatte. Auch in einer Winternacht, beim Brand eines Bauernhofes, war der Pfarrer im Einsatz. Mit einem Wenderohr bewaffnet war er zu oberst auf der Feuerwehrleiter. Ein anderes Mal half er, mit Pickel und Schaufel, eine plötzlich geborstene Hauptwasserleitung zum Dorf freizulegen.

Dass der Pfarrer auch nur ein Mensch war, stellte sich an einem sehr heissen Sommersonntag, auf der Stallfluh, beim grossen Wetterkreuz, heraus. Otto Sprecher zelebrierte, in 1411 Meter Höhe, eine Messe unter freiem Himmel. Wenige Augenblicke vor der Wandlung passierte es! Es war mäuschenstill, nur das Summen von Insekten war zu hören. Eine leichte Brise kam auf. Ich bemerkte es daran, dass die Kleidung der Leute, die nahe am Abgrund knieten, zu flattern begann. Da ich mich von der Sommerhitze abkühlen wollte, zwängte ich mich entlang des Zaunes, dem Wind entgegen. Mein Hosenboden blieb dabei am Stacheldraht hängen und ein lautes „krrr" durchbrach die Stille. Jetzt musste der Pfarrer so sehr lachen, dass er beinahe den Messwein verschüttet hätte.

Wenige Jahre später fanden in unserer Landsgemeinde, Turnus gemäss, die Wahlen statt. Um den Sitz des Präsidenten tobte ein äusserst heftiger Wahlkampf. Gehässig sprangen die Kandidaten der gelben und roten Fraktionen miteinander um. Seit Jahren war das Präsidium durch einen Vertreter der gelben Partei besetzt, welcher das Amt vehement gegenüber dem roten Herausforderer verteidigte. Die Schwarzen stellten keine Kandidaten und bildeten das Zünglein an der Waage. Ein paar Exponenten der Gelben lagen Otto Sprecher immer wieder in den Ohren und betonten, wie eminent wichtig es sei, dass der Gemeindevorsitz wiederum aus den Reihen der Gelben komme. Der Pfarrer betonte stets, er liesse sich nicht als „Stimmvieh" benutzen. Aber die gelben Fanatiker baten Otto Sprecher auf eindringlichste Weise, sie am Sonntag zur Urne zu begleiten. Schliesslich ging der Pfarrer am Wahltag mit und trat durch die Kabine, welche die Diskretion sicherte. Jedoch, bevor er den Stimmzettel in die Urne warf, drehte er sich um, schwenkte den Zettel mit dem Namen des roten Kandidaten und warf ihn, vor der Nase seiner Begleiter, in die Urne. Von diesem Wahlsonntag an hing der Dorfsegen zünftig schief und einige Familien gingen sonntags in eines der Nachbardörfer zur heiligen Messe.

Diese Geschichte führte leider dazu, dass bald, dieser wahrhaft gute Hirte, beim Bischof um die Versetzung bitten musste, welche dann auch bewilligt wurde.

Der Batzsepp

Der richtige Name des wohl letzten, wirklichen Dorforiginals unserer Gemeinde, lautete Josef Reinhart. Der Batzsepp war demnach ein Namensvetter des berühmten Solothurner Mundartdichters und Professors am dortigen Lehrerseminar. Ob zwischen dem Batzsepp und dem Dichter irgendwelche verwandtschaftliche Bande bestanden, war mir nicht bekannt. Im Dorf wusste man lediglich von Sepps Schwester, die sich auf den Fuchsenwaldhof eingeheiratet und mehr als ein halbes Dutzend leibliche Kinder grossgezogen hatte. Ihr Ehemann sei zirka vierzig Jahre älter und, bei der Geburt des jüngsten Kindes, bereits über achtzig gewesen. Im Gegensatz zu Sepp war seine Schwester stets anständig und sauber gekleidet. Lediglich in ihrer Aussprache hatten die beiden Geschwister eine gewisse Ähnlichkeit. Allerdings sprach die Bäuerin des Fuchsenwaldes wesentlich verständlicher als ihr Bruder. Dieser gab anstelle eines r-Lautes ein dumpf klingendes „W" von sich. Wenn man ihn im Dorf neckte oder gar ärgerte, pflegte er zu sagen: „Wawtet nuw, bis die Wussen kommen, mit der Atombombeme".

In den fünfziger Jahren wurde der Religionsunterricht grösstenteils in der Dorfkirche erteilt. In einer solchen Schulstunde ging der Priester auf das Leben der Eremiten ein. Schliesslich fragte er, ob jemand von uns einen solchen Einsiedler kenne oder nennen könne. Aus Hannas Mund kam, wie aus einer Pistole geschossen, die Antwort: „Der Batzsepp". Unvermittelt erschallte heftiges Gelächter durch das Kirchenschiff und auch der Priester konnte sich ein Schmunzeln nicht verkneifen. Er hatte erwartet, dass der Waldbruder in der Verenaschlucht bei Solothurn genannt würde. Diese Schlucht wurde in unserer Gegend vorwiegend Einsiedelei genannt. Aus heutiger Sicht kann ich Hannas Antwort verstehen. Der Batzsepp wohnte nämlich ebenfalls allein in einem sehr kleinen und höchst primitiven Häuschen. Allerdings nicht im Wald, sondern, kaum beachtet, zwischen den Bauernhöfen und dem grossen, aus Holz erbauten, Passionsspielhaus mitten im Zentrum des Dorfes.

An einem typischen Apriltag waren mein Vater und ich in der Nähe von Sepps Häuschen beschäftigt. Wir fällten gerade einen Baum, als uns wiederholt ein Platzregen dazu zwang, unter dem Vordach von Sepps „Villa" Schutz zu suchen. Vater und ich „bestaunten" durch die Fenster das grosse Durcheinander im Inneren der Behausung. Plötzlich stand Sepp vor uns. Offenbar traute er uns nicht so ganz, aber mein Vater erklärte ihm den Grund unseres Aufenthalts unter seinem Dach. Plötzlich war der Batzsepp ganz nett und gastfreundlich. Er bat uns, in sein „Reich" einzutreten. Was wir da zu sehen bekamen, werde ich meiner Lebtage kaum vergessen. Das Häuschen enthielt lediglich einen länglichen Raum. An einer Wand befand sich ein teilweise rostiger Blechverschlag, den man nur über eine kleine Leiter erreichen konnte. Drinnen war ein grosser Laubsack, der Sepps Matratze war. Über diesem „Himmelbett" hing eine kleine Glocke, welche Sepp von seinem Lager aus, mittels einer Schnur, läuten konnte. Das tat er, wenn nachts Ratten kamen. An der ganzen Decke des Raumes hatte Sepp leere Schuhcrèmedosen genagelt. Er hatte sie so angebracht, dass sich, in der glänzenden Unterseite, das Licht der Strassenlaterne spiegeln konnte. Das würde – so Sepp – die bösen Geister fernhalten. Elektrischen Strom gab es nicht in Sepps Hütte. Als Lichtquelle dienten ihm Kerzen, auch abgebrannte, die zu Hauf herumlagen. Ein höchst primitives Rechaud war die einzige Kochmöglichkeit. Es standen verschiedene, schmutzige Gefässe mit undefinierbaren Speiseresten herum.

Während der Hausbesichtigung fielen mir Mutters ermahnende Worte ein: „Setz dich nicht in die Nähe des Batzsepps, denn er soll mehr Läuse und Flöhe an sich haben, als ein Strassenhund." Daraufhin musste ich mich umso mehr an den Haaren kratzen. Diese

Parasiten seien, laut den Leuten des Dorfes, nicht so schlimm gewesen. Trotzdem war ich erleichtert, als wir wieder draussen unsere Arbeit fortsetzen konnten.

Da der Batzsepp auch stark sehbehindert war, konnte er keine Schule besuchen. Gewiss zwei Gründe seiner Verwahrlosung. Wenn es auch damals nur wenige Autos gab, schaute Sepp vor dem Überqueren der Landstrasse mehrmals unsicher nach links und rechts. Hierbei benahmen sich die Dorfbuben sehr gemein gegenüber dem Sepp. Sie riefen ihm just in dem Moment zu, er könne gehen, wenn ein Fahrzeug „dahergetuckert" kam. Sie ergötzten sich dann, wenn Sepp wie ein aufgescheuchter Hase über die Strasse hüpfte. Nach solchen Vorkommnissen beschwerte er sich regelmässig bei der Gemeindeverwaltung. Trotzdem liess Sepp sich mit den Buben immer wieder auf gemeine Streiche ein. So biss er zum Beispiel für ein paar Münzen ein halbes Dutzend Maikäfer entzwei oder verschluckte Regenwürmer. Manchmal bekam er, da und dort, auch eine Suppe oder ein Stück Brot. Grosse Freude konnte man Sepp bereiten, wenn man ihm einen Krug Most und eine geschälte Zwiebel reichte. Letztere verspeiste er wie einen Apfel. Als Gegenleistung spielte er ein Stück auf seiner Mundharmonika und hüpfte dazu, wie ein Tanzbär, im Kreis herum. Seine auffällige, schwarz-rot gestreifte Hose machten das Erscheinungsbild noch grotesker. Als Improvisation waren Batzsepps Künste durchaus als gut zu beurteilen. Durch einfachere Arbeiten, wie das Aufschichten von Strohballen oder das Binden von Kleinholz, konnte er sich was dazu verdienen.

An einem sonnigen Herbsttag waren wir bereits den zweiten Tag beim Dreschen auf dem Hof unserer Verwandten. Die in der geräumigen Scheune stehende, riesige Maschine, „verschlang" die emsig eingeworfenen Weizen- und Roggengarben und trennte sauber das Korn vom Spreu. Ungefähr um halb zehn rief meine Tante: „Es ist

15

Zeit für einen Imbiss!" Der Maschinist stellte die laut dröhnende Maschine ab. Man wischte sich den juckenden Staub aus dem Gesicht und, um ihn inwendig hinunter zu spülen, gab es als erstes Schnaps. Hierfür war der Batzsepp zu haben, obwohl er bei seiner Tätigkeit im Freien kaum dem Staub ausgesetzt war. Da sagte ein Nachbar, welcher beim Zutragen der Garben im Einsatz stand: „Schaut mal, was ich da gefunden habe!" Er hielt ein aus Stroh und Haaren gefertigtes Nest mit vier, noch nackten und blinden Rattenbabies in Händen. Sein frecher Sohn zog darauf dem Maschinisten die Kapitänsmütze vom Haupt und leerte kurzerhand die jungen Ratten in die Kopfbedeckung. Er ging damit zum Batzsepp, hielt ihm ein hell glänzendes Fünffrankenstück hin und machte folgendes Angebot: „Wenn du diese winzigen jungen Ratten, die sicher noch ganz zart sind, verspeist, gehört dieser Fünfer dir. „Sepps schwache Augen wanderten von der hell im Sonnenlicht glänzenden Silbermünze zu den in der Mütze krabbelnden Tierchen und rasch wieder zurück zum lockenden Edelmetall. Es dauerte eine geraume Weile, bis der Batzsepp schliesslich erklärte: „Nein, ich tu's nicht, davon könnte man Krebs bekommen." Alle lachten, nur meine Tante, welche zum wiederholten Male zum Imbiss rief, schimpfte mit den Männern. Man solle doch den Sepp nicht immer so plagen. Letzterem versprach sie, er werde am Abend für seine Arbeit mehr als ein Fünffrankenstück erhalten.

Eines Sonntags kam der Batzsepp im Strassengraben schlurfend an unserem Haus vorbei. Er bekam von uns eine grosse Zwiebel und ein Glas Most. In kurzer Zeit hatte er das Gemüse verspeist und den bereits gärenden Apfelsaft getrunken. Darauf wurde der übliche Volkstanz auf unserem Hausvorplatz dargeboten. Anschliessend wollte Sepp zu einer heftigen Schimpftirade über seine Nachbarn und die bösen Buben im Dorf ansetzen. Doch mein Vater gebot Einhalt und eröffnete Sepp:

„Ein Bundesrat ist heute bei mir zu Besuch, diesem kannst Du Deine Klagen vortragen; ich werde ihn gleich rufen!" Er holte seinen Schwager, der mit seiner stattlichen Figur, einem schönen Anzug sowie einer markanten Hornbrille schon etwas darstellte. Der Batzsepp positionierte sich vor meinem Onkel, welcher ihn freundlich begrüsste und aufforderte, seine Anliegen und Sorgen vorzutragen. Die allseits bekannten Beschuldigungen sprudelten jetzt nur so aus Sepps Mund heraus. „Stellen Sie sich vor, letzthin wollten mir Monteure in meinem Häuschen den elektrischen Strom einrichten! Ich will ihn nicht, weil er viel zu gefährlich ist. Ich habe sie mit Pflastersteinen in die Flucht geschlagen!" Diese Episode war auch für uns neu. „Sepp, ich werde deine Anliegen dem Bundesrat vorbringen; sicher wird es dann schon besser", sagte der angebliche Bundesrat. Der Batzsepp dankte diesem umständlich, führte nochmals einen seiner Tänze auf und ging von dannen. Daraufhin prahlte er überall im Dorf von seiner Begegnung mit dem Bundesrat im Bäriswil und war davon überzeugt, dass seine Widersacher nun dran kommen würden. Die Leute wussten nicht recht, was sie von dieser skurrilen Geschichte des Batzsepps halten sollten. Allenthalben hatte man Spass an dieser neuen Erzählung.

Einige Zeit später, es herrschte bereits feuchtkaltes Wetter, fiel den Leuten auf, dass der Batzsepp nicht mehr gesehen wurde. Schliesslich schaute man in seinem Häuschen nach, wo man ihn, auf seinem Lager, in einem sehr erbärmlichen Zustand antraf. Der Dorfarzt und die Gemeindeschwester packten Sepp in Wolldecken und brachten ihn nach Solothurn ins Spital. Der Patient wurde zuerst in ein warmes Bad gesteckt und so war er bald wieder auf den Beinen. Allerdings musste Sepp nun ins Altersheim. Entgegen der im Dorf verbreiteten Ansicht, er würde dort nicht mehr lange leben, fand er sich in der umsorgten Gemeinschaft schnell zurecht. Er genoss das gute Essen und die Pflege, so dass er noch einige Jahre leben konnte. Zum 80. Geburtstag brachte ihm der Musikverein, das war so üblich, ein Ständchen dar. Sepp hatte sogar dieses Mal seine Mundharmonika gezückt und wagte dazu ein Tänzchen.

Schwein gehabt

An einem lauen Frühlingsabend, Anfang April, war mein Vater bei
einem Onkel zum Geburtstag eingeladen. Vor seiner Abfahrt trug
er mir auf, ich solle, vor dem Schlafengehen, noch nach der Sau
schauen, welche zum ersten Mal ferkeln würde. So schlenderte ich,
nach den 22:00 Uhr-Nachrichten, gemütlich zu den landwirtschaftlichen Gebäuden mit den Stallungen, um nachzuschauen, ob sich
was tut. Der fast volle Mond blinzelte immer wieder zwischen den
vielen Fönwolken hindurch. Es war kein Wind zu verspüren und
der Duft des kommenden Lenzes lag in der Luft. In meinen Beinen
machte sich eine starke Müdigkeit bemerkbar. Wir hatten an jenem
Tag zwei Acker mit Zuckerrüben und Frühkartoffeln bestellt. Dazu
war es nötig, einige Kilometer über das aufgelockerte Erdreich zu
schreiten. Nun führte mein Weg zuerst durch den Kuhstall, wo die
meisten Tiere wiederkäuend dalagen. In den Pferdeställen war ich
erstaunt, dass der Freibergerwallach Max und meine Hannovera-
nerstute Federröschen mit ausgestreckten Beinen im Stroh lagen.
„So, seid ihr auch geschafft!", sagte ich halblaut zu den Pferden.
Mir fiel sogleich auf, dass sie nicht nur dieselbe Strecke über die
Furchen zu stapfen hatten, sondern, im Gegensatz zu mir, abwech-
selnd die Egge und die Ackerwalze ziehen mussten. Im Schweinestall angelangt, trat ich an die Sau in der zweiten Box heran. Sie
lag friedlich im Stroh, grunzte leise und zwinkerte mit den Augen.
Ich kraulte das Tier sachte hinterm Ohr und sprach ihm ruhig zu.
Dabei fühlte ich Herzschlag und Temperatur. Alles war normal. Als
ich dem angehenden Mutterschwein über die zwei langen Reihen
von Zitzen strich, war kein Milcheinschuss feststellbar. Auf leisen
Sohlen verliess ich die Stallungen, denn ich wollte mich ebenfalls
hinlegen. Kaum in den Federn, übermannte mich auch schon der
Schlaf. Kurze Zeit später rüttelte mich mein Vater mit folgenden
Worten wach: „Steh rasch auf, die Sau ist am Ferkeln! Zwei Tiere

hat sie schon tot gebissen, das Dritte konnte ich ihr entreissen! Ich zieh mich rasch um, bitte komm dann gleich nach!"

Als ich durch die kühle Nachtluft zum Schweinestall trabte, wurde mir erst richtig bewusst, was los war. Ein Blick auf die Uhr zeigte mir, dass es bereits nach ein Uhr nachts war. Bevor ich in die zweite Box eintrat, trennte ich mit dem Stiefel einen grossen Besen von dessen Stiel, um damit die Sau, beim Werfen des nächsten Ferkels, bändigen zu können. Es dauerte nicht lange, bis ein weiteres Jungtier an der Nabelschnur im Stroh zappelte. Sofort schoss die Sau hoch und wollte es schnappen. Es gelang mir, sie mit meinem Prügel davon abzuhalten und das Ferkel mit dem Fingernagel blitzschnell abzunabeln. Ich legte es in einen Korb auf dem Gang und brachte es in Sicherheit.

Wenig später fand sich auch Vater wieder im „schweinischen Gebärsaal" ein. Das grausame Spiel wiederholte sich noch sieben Mal, so dass ich insgesamt acht Ferkel abnabeln konnte. Im Korb krabbelte und quietschte es leise. Allmählich wurden die Kleinen auch hungrig. Seit das Mutterschwein das erste Ferkel geworfen und getötet hatte, waren ungefähr zwei Stunden vergangen. Über dem Korb installierte ich eine Infrarot-Wärmelampe.

Ein Weilchen später lag die Sau vermeintlich entspannt da und Vater sprach mit ruhigem Ton auf das Tier ein. Er konnte mit der Hand an den Zitzen feststellten, dass die Milch allmählich einschoss. So entschlossen wir uns, die acht Ferkel vorsichtig zum Saugen anzusetzen. Es schien auch so, dass die Sau mit einem bestimmten, uns vertrauten, leisen Grunzen nach ihren Jungen rief. Gierig waren die überlebenden Tierchen am Trinken, als das Mutterschwein plötzlich, erneut heftig quietschend, hoch schoss und nach den Jungen schnappte. Mein Vater konnte sie mit meinem Prügel knapp davon abhalten. Mir gelang es, die Ferkel in den Korb zurückzulegen.

Bei diesem heftigen „Gefecht", mit dem ungefähr 200 Kilogramm schweren Tier, traf mein Vater aus Versehen mein rechtes Knie, worauf ich kurz kräftig „aufjaulte".

Nun waren wir so ziemlich am Ende unserer Weisheit angelangt. Vater ging ins Wohnhaus, um den Tierarzt zu rufen, welcher nach einer knappen halben Stunde in unserem Schweinestall eintraf. Er verabreichte dem Mutterschwein eine Spritze, welche bewirkte, dass die Milch heftig in die Zitzen einschoss. Die Sau sollte danach das Säugen ihrer Jungen als sehr wohltuend empfinden. Sie legte sich auch bald darauf hin und rief nun noch deutlicher nach den Ferkeln.

Als die Sau die Jungen nun bereits ein Weilchen hatte trinken lassen, dachten wir: „Ende gut, alles gut!" Doch, weit gefehlt! Plötzlich schoss die Bestie mit einer noch nie da gewesenen Heftigkeit hoch und schleuderte meinen Vater und den Tierarzt wie Puppen zur Seite, so dass die beiden das Tier nur mit Mühe in Zaum halten konnten. Meinerseits brachte ich einmal mehr die Jungen in Sicherheit. Der Tierarzt bat nun um zwei Seile. Als Vater diese brachte, sagte der Veterinär in bestimmtem Ton zur Sau: „Du Untier, bist du nicht willig, so brauchen wir eben Gewalt!" Je ein Seil befestigte er jetzt an einem Vorder- und an einem Hinterbein, das andere Ende band er an einer Stange fest. Die Sau wollte nun aufstehen, konnte aber nicht. Sie schrie nun dermassen, dass man befürchten musste, die Stallfenster könnten zerspringen. Danach konnten sich aber die Jungen endlich satt trinken. Der Tierarzt erklärte, die Ferkel müssten Tag und Nacht alle dreieinhalb Stunden auf diese Weise gesäugt werden. Dies sollte für einige Wochen geschehen, da auf andere Weise die Schweinchen kaum gerettet werden könnten. Die Ferkel mit der Flasche aufzuziehen, sei keine bessere Alternative.

Es gelang dann drei Teams, aus Familie und Nachbarschaft, einzu-
setzen, welche sich beim Fesseln des Mutterschweins ablösten. So
betrugen die Schlafphasen der Beteiligten doch wesentlich länger
als dreieinhalb Stunden. Zwei oder drei Wochen später – es war ein
prächtiger und warmer Frühlingstag – erklärte mein Vater, die Sache
sei ihm allmählich verleidet und er wage einen riskanten Versuch.
Für die Zuchtsauen hatten wir ein Gehege mit grossem Auslauf,
in welchem die Schweine Gras fressen, die Erde aufwühlen oder
sich suhlen konnten. Wir liessen das gestörte Mutterschwein ins
Freie und gaben die Ferkel auf Gedeih und Verderben hinzu. Nicht
schlecht staunten wir, als die Sau unverzüglich nach den Jungen
rief, sich hinlegte und sie trinken liess. Sie schien sich plötzlich in
Gesellschaft der Ferkel wohl zu fühlen. Am Abend begab sich die
Sau mit ihrem Nachwuchs zurück in ihre Box, als ob es nie Schwie-
rigkeiten gegeben hätte. Nun waren wir alle sichtlich erleichtert und
Vater meinte: „Schwein gehabt, dass ich zu so später Stunde auch
noch im Schweinestall vorbeigeschaut hatte."

Makabere Mondscheingeschichte

An einem klirrend kalten, klaren Winterabend kniete ich nach dem Abendessen auf dem breiten Sims des grossen Küchenfensters und schrieb mit dem Zeigefinger verschiedenste Namen auf die, vom Küchendampf beschlagenen, Fensterscheiben. Wischte danach mit dem Ärmel alles blank und spähte in die Winterlandschaft hinaus. Der Schnee leuchtete silbern im hellen Mondlicht, wobei die umfangreichen Schneeverwehungen an der Stallfluh noch eindrücklicher aussahen als bei Tageslicht.

Mein Vater, der sich zur Musikprobe im Dorf aufmachte, unterbrach meine stillen Betrachtungen mit den Worten: „Du musst noch Grossvater helfen, einen Sarg nach Lommiswil zu bringen. Mit dem grossen Schlitten ist dies keine allzu schwierige Sache; anschliessend könnt ihr ja dann mit dem leeren Schlitten heimsausen." Sofort war ich von diesem abendlichen Einsatz begeistert. Ausgerüstet mit einer besonders warmen Kappe und gefütterten Handschuhen, machte ich mich mit Grossvater unverzüglich auf den Weg. Er dauerte anderthalb Stunden und führte uns die sehr ansteigende Hohlenstrasse hinauf. Trotz der Kälte trieb es uns etwas Schweiss auf die Stirn. Eine flotte Schussfahrt auf dem Heimweg war uns aber gewiss. Einzig, die grossen und knorrigen Bäume, welche Stauden und Gestrüpp weit überragten, waren mir nicht ganz geheuer. Es hiess, hier oben hause das Hohlengespenst, welches um die Mitternachtsstunden vor allem junge Burschen überfallen würde. Grossvater gegenüber erwähnte ich jedoch nichts davon; er hätte mich sowieso nur ausgelacht.

Als wir auf den Bahndamm, durch welchen eine Unterführung nach Lommiswil führt, zu schritten, sagte Grossvater: „So, nun haben wir das Gröbste hinter uns!" An dieser Stelle hatte die Strasse etwas Gefälle, so dass der Schlitten von hinten gegen uns prallte und von Grossvater wieder in Ordnung gebracht werden musste. Allerdings rutschte bei diesem Manöver das Grabkreuz vom Schlitten, welches Grossvater sogleich aufhob. In diesem Moment hörten wir beide ein lautes Schnarchen, das von der Schneemauer am südlichen Eingang der Unterführung herkam. Grossvater ging nun, mit dem Kreuz in der Hand, auf die, durch einen Schneepflug errichtete, über einen Meter hohe, Schneemauer zu. Ich folgte ihm mit dem Schlitten. „Nicht zu glauben", rief er! „Da liegt tatsächlich einer im Tiefschnee und schläft! Der würde wohl, wären wir nicht gekommen, den Morgen nicht mehr erleben." Mit diesen Worten steckte Grossvater das Grabkreuz vor dem Schlafenden in den Schnee. Dann versuchte er, den Fremden, durch kräftiges Rütteln an den Schultern, wach zu bekommen. Dem Grossvater wehte eine schwere Alkoholfahne entgegen. Es brauchte einige Anstrengung bis der Mann, auch nur halbwegs, wach wurde. Als dieser schliesslich seine Augen öffnete, den auf dem Schlitten befindlichen Sarg und zudem noch ein Kreuz, mit der im Mondlicht glänzenden Jesus-Figur sah, wurde er blitzartig vollständig wach. Der eben noch schnarchende Fremde schoss nun, wie eine Rakete, hoch und rannte von dannen. Bevor wir uns fassen konnten, war er unserem Dorf entflohen. „Der glaubte wirklich, er sei bereits im Jenseits", erklärte Grossvater lachend und ging etwas näher auf die Stelle zu, wo der Fremde gelegen hatte. Einige Meter führten die Spuren in den Tiefschnee hinein. „Schau mal her!", meinte Grossvater, „der Kerl hat wohl seine Tabakpfeife verloren." Er griff nach dem Ding. Laut fluchend warf er dieses jedoch wieder weg und rieb sich mit dem Schnee gründlich die Hände. Jetzt war klar, weshalb der stark alkoholisierte Fremde die Strasse verlassen hatte. Auf dem Rückweg, nach Erledigung eines „Geschäfts", musste er wohl umgekippt und sogleich eingeschlafen sein.

Als wir nach dieser Episode mit unserem Schlitten weiter marschierten, gab Grossvater eine Anekdote aus seiner Jugend zum Besten: „Diese Bahnunterführung erinnert mich immer wieder an die Zeit, als ich noch ein junger Bursche war. Damals war es nicht empfehlenswert, in Lommiswil auf Brautschau zu gehen. Einige Hitzköpfe glaubten, sämtliche heiratsfähigen Mädchen des Dorfes vor angehenden, auswärtigen Liebhabern bewahren zu müssen. Nicht selten kam es daher nach Dorffesten, Tanzveranstaltungen und anderen Feiern zu Schlägereien. Manch einer wurde sogar in einen Brunnen getaucht. Mit etwa sechs, teilweise kräftigen, Kameraden besuchte ich eine solche Veranstaltung. Wir hatten auch mit einigen Dorfschönheiten getanzt und geplaudert. Als wir dann, in den frühen Morgenstunden, durch diese Unterführung in unser Dorf zurück schlenderten, wunderte sich einer von uns, dass man uns unbehelligt gelassen hatte. Wir bildeten uns ein, wir hätten einen zu starken Eindruck gemacht. Doch als wir aus der Unterführung heraus kamen, brach, auf der Südseite, plötzlich ein Steinhagel von oben los. Es waren recht grosse Schottersteine vom Bahngleis. Ein Stein traf mich an der linken Schulter, die dann, ungefähr zwei Wochen, kaum zu gebrauchen war. Wir stellten diese hinterlistigen Mistkerle zur Rede, die uns daraufhin in Ruhe liessen."

Zehn Minuten später gelangten wir zum Trauerhaus und konnten unsere Fracht übergeben. Beim anschliessenden Kaffee hätte Grossvater gerne das eben Erlebte erzählt; doch wollte er kein Gelächter bei der Totenwache verursachen. Die Talfahrt mit dem Schlitten war dann, wie versprochen, rasant und entsprechend kurz. Am darauf folgenden Tag vernahm Grossvater vom Wirt seiner Stammkneipe, dass am Vorabend ein unbekannter Gast einen Kaffee-Kirsch getrunken habe. Ohne viel Worte hätte er unverzüglich bezahlt und sei hastig von dannen gegangen. Dabei habe er derart verstört in die Welt geschaut, als wäre er soeben einem schrecklichen Ereignis entgangen.

Warum auch in die Ferne schweifen

Gemütlich schlenderte Martin durch den Bahnhof. Es herrschte bereits ein emsiges Kommen und Gehen. Er hingegen hatte heute wirklich Weile, denn der Zug um 08:22 Uhr, nach Genf fuhr erst in knapp einer Viertelstunde. Die Strassenmusikanten, die üblicher Weise die Bahnhofunterführungen belagerten, schienen noch zu schlafen. Bei durchaus aufgeräumter Gemütsverfassung spazierte Martin jetzt die Aufgangsrampe zu Gleis 11 hoch. Trotz des prächtig strahlenden Frühlingsmorgens, blies ihm dabei ein mässiger, aber frischer, Wind ins Gesicht. „Auf diesen Bahnhöfen zieht's doch immer, mag die Witterung sein wie sie will", seufzte er vor sich hin. Der Zug stand – wohl erst ganz kurz – bereit, denn die Abteile waren noch fast menschenleer. Die Wagons der ersten Klasse standen just an richtiger Stelle. Als er Platz nahm, überlegte er sich, ob er nun die umfangreichen Unterlagen für die Besprechung in der Rhonestadt nochmals studieren sollte. Eigentlich war ihm noch nicht danach und er warf seine schwere Aktentasche vorerst mal auf den Gepäckträger. Bei dieser Handlung erinnerte sich Martin an seinen letzten, ungefähr einen Monat zurückliegenden Ferienantritt. Im Sitzen und bei halb geschlossenen Augen erschienen ihm nun die Bilder und herrlichen Erinnerungen aus dem fernen Süden. In diesem Zusammenhang auch die temperamentvolle, äusserst hübsche, aber auch sehr anmutige Frau, die er kennen gelernt hatte. Er machte stets Ferienbekanntschaften und stritt es auch nicht ab, dass er sie suchte. „Das Leben geniessen", sagte man dazu.

„Mit deinen fünfunddreissig Lenzen solltest du dir mal endlich was Anständiges anlachen und dann heiraten, wie es sich gehört. Die nötige berufliche Position hättest du ja dazu", so hörte er es immer wieder von der Mutter. Bei diesen Gedanken musste Martin lächeln und irgendwie sehnte er sich nach dem anderen Geschlecht.

Ihm gegenüber richtete sich gerade wortlos ein älterer Fahrgast, mit etwas mürrischem Gesichtsausdruck ein. Schnaufend und unter leichtem Ächzen platzierte der Mann seine Reisetasche. Die Abteile füllten sich allmählich und es war nicht mehr ganz so still im Wagon. Martin schaute nun nach links aus dem Fenster und bemerkte, dass gleich nebenan, auf Gleis 10, ebenfalls ein sehr moderner Zug bereit stand. Im Innern der benachbarten Wagenreihe lief genau das gleiche ab. Auch dort gab es immer weniger freie Plätze. Jetzt erst fielen seine Blicke auf eine bezaubernd aussehende, junge Frau im anderen Zug. Sie sass, nicht wie er, in Fahrtrichtung, sondern seitlich, gegenüber. „Die beobachtet mich", fuhr es ihm durch den Kopf. Doch in diesem Moment sah er in ihre wunderschönen dunklen Augen. Sie zwinkerte kaum erkennbar mit den Augen, nickte leicht mit dem Kopf und formte ihren Mund viel versprechend. Dieses Lächeln gab ihm Rätsel auf. Er war wie hypnotisiert. Doch ein Mann, wie er, liess sich dadurch nicht aus dem Konzept bringen. Trotzdem erwiderte Martin den „Gruss", allerdings mit einer gewissen Verlegenheit. „Mensch, die kennt mich! – Woher bloss?", denkt er. „Ich kann mich nicht erinnern, diese Klassefrau schon je gesehen zu haben. – Ich bin eindeutig im falschen Zug. Warum befindet sich bloss mein Grosskunde nicht in Zürich oder in der Ostschweiz, wo der parallel stehende Zug hinfährt?" sinnierte Martin resignierend und sah unentwegt zu ihr hin. Nun wendete sie ihren Blick ab, und er sah, dass sie von einem etwas korpulenten Mann, in den mittleren Jahren, angesprochen wurde. „Der fragt wohl, ob der Platz gegenüber frei sei. – Der Kerl ist zu beneiden!", so lauteten Martins Gedanken und er erkannte an den Lippen der Frau eine Sprechbewegung. Nicht ohne Genugtuung registrierte er, dass ihr Gesicht dabei ganz teilnahmslos erschien. Durch die gerade offen stehende Wagontür hörte er von draussen den Bahnhoflautsprecher. Die Abfahrt beider Züge wurde angesagt. „Stimmt, ihr Zug und der meinige fahren gleichzeitig weg", stellte Martin für sich fest. Es folgte nun die Durchsage im Innern des Zuges: „Wir begrüssen

Sie im Interregio nach Biel, Neuenburg, Genf, Genf-Flughafen,..."
Wie auf Kommando fuhren beide Züge an. Martin schaute nun wieder in die Augen der schönen Frau. Sie nickte, lächelte erneut und sogar herzlicher. Er erwiderte und hob den Arm zum Winken. Sie tat es ihm nach. Ein Weilchen strahlten sie sich so winkend an. Dann wurde ihr Zug schneller und entschwand rasch aus seinem Blickfeld. Sein Zug schwenkte nach rechts ab und brauste, durch einen kurzen Tunnel, dem Birstal zu. Martin starrte auf die schwarze Wand und erinnerte sich im Geiste an das bezaubernde Bild neben sich. Als es wieder hell wurde, überfiel ihn die Wirklichkeit. Er holt tief, tief Luft und zog nüchtern die Schlussfolgerung: „So, – die sehe ich wohl nie, nie wieder!"

Um auf andere Gedanken zu kommen, zerrte er jetzt seine Aktentasche herunter und entnahm ihr hastig einen dicken Ordner. Er versuchte, sich in diese Papiere zu vertiefen, um bei einem Grosskunden in Genf, für den Abschluss einer Versicherung, vorbereitet zu sein. Doch es wollte zunächst nicht recht gelingen. Immer wieder musste er an diese Frau denken. Schliesslich kam ein freundlicher, junger Mann mit einem Getränkewagen vorbei. Martin nahm zur Beruhigung ein Bierchen, worauf sich, bei der langen Fahrt, seine Konzentration wieder einstellt.

Nach überaus erfolgreichen Verhandlungen und der Aussicht auf eine entsprechend hohe Provision, sass Martin, gegen Abend, wieder im Zug von Genf nach Basel. Die Rückfahrt gestaltete sich durchaus kurzweilig: Er führte ein angeregtes Gespräch mit einem ungefähr zwanzig Jahre älteren, sympathischen Herrn. Dabei wurden die verschiedensten Themen angeschnitten. In Biel musste sich sein Gesprächspartner leider verabschieden. Martin döste vor sich hin. Die morgendliche Begebenheit schien er vergessen. Er überlegte, aufgrund des heutigen Erfolges, welche traumhaften Ferien er sich, mit allem „Drum und Dran", werde leisten können. Darauf schlief er, ungefähr eine halbe Stunde, ein und erwacht erst wieder, als aus dem Lautsprecher zu vernehmen war: „Wir treffen in Basel ein. Alles aussteigen!" Als beim Aussteigen sein Blick auf die „Gleistafel 10" fiel, kam ihm die Begegnung mit der attraktiven Frau wieder in den Sinn. Der Gedanke an sie brachte ihn aber nicht mehr aus der Ruhe.

Zuhause angelangt, sah Martin bei Frau Huber, der Hauswirtin, noch Licht in der Küche. Er schaute auf die Uhr: „Kurz nach 21 Uhr! Da kann ich noch den Waschküchenschlüssel holen. Morgen, am Samstag, ist vielleicht noch frei!", sagte er sich. Frau Huber nahm die, in umständliche Entschuldigungen verpackte, Bitte von Martin keineswegs ungern, ja sogar mit einem charmanten Lächeln, entgegen. Schliesslich war Martin ein gross gewachsener, gut aussehender Mann. Durch seine Umgangsformen und sein Auftreten verfehlte er, auch bei aufkommender Unsicherheit, selten die besondere Wirkung auf Frauen. Martin war müde und wurde von dem Wunsch getragen, sich in seinem Heim auszustrecken, eine eher seichte Fernsehunterhaltung zu geniessen und seine Ruhe zu haben. Trotzdem widersetzte er sich nicht der Aufforderung der Hauswirtin, noch kurz auf einen Drink hereinzukommen.

Frau Huber bat ihn Platz zu nehmen und pflichtbewusst, wie sie war, holte sie vorerst den gewünschten Schlüssel. Martin sah dabei der durchaus hübschen, in einen schnittigen Hausdress gekleideten, Mitvierzigerin nach und dachte dabei: „Weshalb wurde so eine Frau eigentlich verlassen, und warum ist sie nach Jahren noch allein?" Die Antwort mag vielleicht an ihrer Art liegen: „Trinken Sie ein Gläschen Rotwein?", so lautete ihre kurze Frage, während sie ihm den erbetenen Schlüssel überreichte. „Ja gern, aber ich muss bald einmal ...", entgegnete Martin. „Keine Angst, ich will Sie keineswegs lange hinhalten, aber Sie verstehen, alleine schmeckt mir der Wein nicht, und Ihnen kann doch so eine kurze Erholung, nach

28

einem anstrengenden Tag, auch nur gut tun." Auf diese Einleitung erhoben sie das Glas. „Eigentlich wäre es an mir, Sie einzuladen", sagte Martin und erzählte unter anderem sehr knapp von seinem erfolgreichen Tag in Genf. „Das freut mich aber für Sie! Wissen Sie, ich bin nicht eine von denen, die anderen nichts gönnen. Wer anständig und fleissig arbeitet, soll auch was dafür bekommen. Heute muss man zwar froh sein, einen einigermassen guten Job machen zu können. Aber viele, die keinen haben, sind auch zum Teil selbst Schuld! ..." So kam Frau Huber richtig gehend in ihr Element. Ihr Mundwerk, einmal so richtig in Funktion, war kaum noch anzuhalten. Nach verschiedensten Themen, so „Querbeet", redete sie über die angeblich so mühsamen Hausbewohner. Schliesslich kam hierbei vor allem eine Person zur Sprache: „Kennen Sie übrigens bereits Ihre neue Nachbarin, das aufgemotzte junge Ding, in der Zweizimmerwohnung gleich rechts von Ihrer Tür?" Kaum war ihre Frage von Martin mit „nein" beantwortet, fährt die Ereiferte fort: „Die kommt und geht zu jeder Tages- und Nachtzeit! Sie ist überhaupt nicht viel da! Ich glaube fast, sie hat irgendwo eine Absteige oder ein einschlägiges Lokal. Kann mir kaum vorstellen, dass diese Dame einem anständigen Berufe nachgeht. Putzen hört oder sieht man sie auch nie! ..." Langsam, aber sicher, wurde es Martin doch zu viel. Er machte höflich, aber bestimmt, Anstalten zu gehen. Auf seinen „herzlichsten Dank" meinte Frau Huber: „Keine Ursache, hat mich sehr gefreut! Ich will Sie keineswegs zurückhalten, sonst glauben Sie noch ... Eigentlich weiss ich zwar, dass Sie einer sind, der nicht so denkt, sonst hätte ich Sie gar nicht hereingebeten." Martin war sichtlich froh und beinahe erschöpft, als er seine Wohnungstür hinter sich schloss.

Am nächsten Morgen, kurz nach zehn Uhr, beförderte Martin, bestens gelaunt, seine Wäsche von der Waschmaschine in den Trockner. – In seinen „Lausbubenjahren", als er der Mutter beim Wäschewaschen zugesehen hatte, hätte er sich nie vorstellen können, dass er so etwas einmal selbst tun würde. – Er begann ein Liedlein zu pfeifen, als hinter ihm jemand, eher diskret, an die offen stehende Glastüre klopfte. Gleichzeitig sagte eine überaus sympathische Stimme: „Guten Morgen, Herr Blumer!" Blitzartig drehte sich Martin um, und – sein Mund blieb vor Erstaunen kurze Zeit offen – im Türrahmen stand dieselbe Frau, die er gestern im Zug nebenan gesehen hatte. Nun war sie mit einem blau-roten Trainingsanzug bekleidet und lachte herzhaft, mit ihren wundersam strahlenden Augen. Martin erwiderte, leicht stotternd, ihren Gruss. „Darf ich mich vorstellen? Carola Kunz.", sagte sie und streckte Martin die Hand entgegen. Dann fuhr sie fort: „Gestern habe ich Sie im Zug nach Genf, auf dem parallel liegenden Gleis, gesehen. Haben Sie mich ebenfalls erkannt?" Hastig entgegnete Martin: „Leider hatte ich Sie vorher noch nie gesehen, das heisst, mal kurz, lediglich von hinten, als Sie in Ihrer Wohnungstür verschwanden." – „Wollte Sie fragen, ob ich nach Ihnen noch eine oder zwei Maschinen waschen darf? Ich verpasse meinen Waschtag sehr oft, da ich als Flugbegleiterin tätig und viel unterwegs bin." erklärte Carola Kunz. „Ja klar, Sie können loslegen! Ich möchte Sie noch fragen, ob wir unser Kennenlernen nicht irgendwo, heute Abend, begiessen sollten?", sagte Martin, nun aber nicht mit derselben Routine wie bei seinen verflossenen Ferienbekanntschaften. „Eine glänzende Idee", meinte sie und sah ihn dabei auf dieselbe Weise an, wie am Tag zuvor durch die beiden Zugfenster.

Odyssee durch Basel

Ein langer, anstrengender Sitzungstag in Zürich ging zu Ende. Mein Kollege begleitete mich liebenswürdigerweise noch zum Bahnsteig. Da auch der Kollege müde war und möglichst rasch nach Hause kommen wollte, verabschiedeten wir uns schnell. Sofort sprach mich eine Dame – Mitte fünfzig – freundlich an. Sie wollte mir beim Einsteigen behilflich sein. Ich bedankte mich höflich im Voraus für ihre Aufmerksamkeit. Der Zug rollte bereits heran und meine Zufallsbekanntschaft führte mich freundlicher Weise in ein Abteil. Sie bot mir den Fensterplatz mit den Worten: „Ich muss sowieso bereits in Baden raus", an. Mir gegenüber, ebenfalls am Fenster, begrüsste uns eine junge Frau mit etwas kecker, aber trotzdem äusserst freundlicher Stimme. Es kam mir so vor, als hätte sie auf uns gewartet. Es erstaunte daher kaum, dass wir unverzüglich zu dritt locker plauderten. So war es für die ältere Dame schnell Zeit, sich zu verabschieden. Dass mein Gegenüber wohl auch bis Basel fahren würde, vermutete ich sogleich, aufgrund ihres Dialektes. Nicht minder angeregt, ging die Unterhaltung nun zu zweit weiter. Die Gesprächsthemen reichten von Blindenhunden und der Behindertenproblematik über Umweltfragen, Musik, Reisen bis hin zur Weltpolitik. Die Fahrt war so sehr kurzweilig. Schon fuhr der Zug aus dem Fricktal auf die Ebene des Rheinknies zu. „Selbstverständlich begleite ich Sie in Basel zum Tram, zum Taxi oder, wo immer Sie hin wollen. Ich bin überhaupt nicht in Eile", erklärt mein adrettes Vis-a-vis. – „Nun sollte ich eigentlich dieses nette Fräulein einladen", schoss es mir durch den Kopf; doch ich war ziemlich erschöpft und fühlte mich dadurch noch älter. Ausserdem befand ich mich nicht auf Freiersfüssen. Ferner neigte ich keineswegs dazu, spontane Hilfsbereitschaft, seitens der Damenwelt, als stürmische Zuneigung zu interpretieren. So äusserte ich den Wunsch, sie möge mich zum Taxi begleiten. Auf dem Weg vom Zug zum Taxistand unterhielten wir uns über die multikulturelle Vielfalt der Sprachen. So verabschiedeten wir uns schnell, als mir meine Begleitung eine Wagentür öffnete. Ich drückte ihr kräftig die Hand und dankte herzlich. Die Tür fiel ins Schloss und ich klopfte noch kurz ans Seitenfenster, bevor ich es mir auf dem Beifahrersitz gemütlich machte. Ich resümierte: „Heute ist ein wirklich guter Tag; lauter herzliche Mitmenschen."

Der Fahrer setzte sich wortlos ans Steuer. Ich sagte – meiner guten Stimmung entsprechend – freundlich „guten Abend". Dieser Gruss wurde nicht erwidert. Statt dessen ertönte in barschem Ton und in einem erkennbaren fremdländischen Klang: „Adresse?" So deutlich, wie ich konnte, antwortete ich „Holbeinstrasse 20". Stumm fuhr der Fahrer los und ich dachte bei mir: „Höflich ist der nicht gerade, doch scheint er sich wenigstens in der Stadt auszukennen." Dieser Gedanke war voreilig, denn die Fahrt stockte und von links tönte es: „Olbeinstrasse? Sie mir elfen Olbeinstrasse!" Das Deutsch, mit einem gut hörbaren, türkischen Akzent, wirkte hilflos, aber freundlich. – Es führen viele Wege nach Rom. – Auch zur Holbeinstrasse gibt es drei gleichwertige Möglichkeiten. Langsam sprechend beschrieb ich zwei Varianten: Eine über den Steinenring und die andere über die Heuwaage. „Wirr farren iber Euwaage," offenbarte mir der Taxifahrer und schon spürte ich, dass wir tatsächlich abwärts fuhren, auf die Heuwaage zu. Dies war ein grösserer Platz, am südwestlichen Rand der Innenstadt. Von diesem Verkehrsknotenpunkt verzweigten sich mehrere Strassen und Tramlinien: Die „16" fuhr nach Bruderholz, die „10" entlang des Zoos ins Leimental und schliesslich die „6" den Auberg hoch, nach Allschwil. – Nun wies ich den Taxifahrer an, ein kleines Stück Richtung Allschwil zu fahren. Allerdings nur bis oberhalb des Aubergs; rechts sei dann unmittelbar die Holbeinstrasse. Zügig fuhr der Lenker des Fahrzeugs die leichte Steigung hinauf. Mein Zuruf: „Jetzt dann rechts!", ignorierte er mit der fast fröhlichen Antwort: „Ja, ja – wirr farren

Olbeinstrasse iber Allschwil!" Ich versuchte ihn, mit dem Einwand, die Holbeinstrasse sei nicht in Allschwil, sondern in Basel, nach rechts zu lotsen. Obwohl ich immer lauter wurde, liess sich der Mann vom Bosporus vorerst nicht beeinflussen. Er raste, wohl aufgrund grüner Ampelschaltungen, mit einem Höllentempo durch die Austrasse stadtauswärts. Erst, als ich mit der Faust kräftig auf die, auf meinen Knien liegende, Aktenmappe schlug und schrie: „Verdammt wir sind falsch!", hielt er endlich den Wagen an. Laut machte ich nun meinem Ärger Luft: „Wie kommen Sie überhaupt dazu, hier Taxi zu fahren? Sie verstehen unsere Sprache nicht und kennen sich in der Gegend keineswegs aus. – Ein Schweizer kann schliesslich auch nicht in Istanbul als Taxi-Chauffeur arbeiten, wenn er nicht türkisch spricht und von der Stadt keine Ahnung hat!" – Etwas vor sich hin murmelnd, tippte der Fahrer mir nun beruhigend mit seiner Rechten auf meinen linken Arm, schaltete die Taxiuhr aus und zückte endlich den Stadtplan. Er breitete die Karte über dem Lenkrad aus, suchte und suchte, wendete das Ding immer wieder und strich das Papier glatt. – Da kam mir eine Fernsehsendung in den Sinn, in welcher man „bei versteckter Kamera" den Leuten, anstelle eines Stadtplans, ein Schnittmuster unter die Nase hielt. – Auf meine erneuten Erklärungsversuche hin, wendete der Mann schliesslich das Fahrzeug, und es ging wieder Richtung Stadt. Nach und nach verlor ich die Orientierung. Ich versuchte, mich zu erkundigen, wo wir gerade waren, doch der Fahrer stammelte etwas von einem Hotel, dessen Name ich beim besten Willen nicht verstand. Erneut rollten wir an den Strassenrand. Der Taxifahrer stellte den Motor ab und griff zum Funkgerät. Mit verzweifelter Stimme flehte der Mann ins Mikro: „Olbeinstrasse, Sie mirr elfen Olbeinstrasse!" Aus dem Funk erschallte eine kräftige Stimme: „Was isch, wär bisch?" Mein Chauffeur gab nochmals seinen Hilferuf im gleichen Wortlaut wieder, worauf auch der Disponent wiederholte: „Was isch, wär bisch?" Ich sagte ihm, er solle seine Nummer durchgeben, worauf er die Zahl „Achtundzwanzig" ins Gerät hauchte. – Da endlich schaltete sich ein anderer Fahrer, ebenfalls Türke, ein: „Er ist neu, man muss ihm helfen, er findet die Holbeinstrasse nicht." Dieser Landsmann sprach ausgezeichnet deutsch. Ein kurzes Knistern im Lautsprecher und schon ertönte es türkisch. Das Zwiegespräch in dieser Sprache dauerte eine geraume Weile, wonach der Fahrer entschlossen die „Reise" wieder aufnahm. – „Weshalb rege ich mich bloss auf? Es ist ja für alles gesorgt", so dachte ich für mich. Zuversichtlich, dass ich bald zu Hause sein, etwas Kleines essen und dann, vor allem, auf einem Divan die Beine ausstrecken würde, lehnte ich mich zurück und hielt nun meine Aktentasche weniger verkrampft. – Doch wir fuhren und fuhren und fuhren. Der „Ali" – so nannte ich meinen Fahrer nun für mich – wurde bei der kurvigen Fahrt immer nervöser. Nach meiner Erkundigung über unseren aktuellen Standort versuchte ich es mit dem Tip: „Fahren Sie zum Spalentor und von dort Richtung Cityring." Als „Ali" das Wort Spalentor hörte, leuchteten seine Augen wie an Weihnachten oder meinetwegen Ramadan. „Spalentor, ja wir farren Spalentor," rief er fröhlich, liess für einen Moment das Lenkrad los und klatschte in die Hände. Kurz darauf eröffnete er mir triumphierend, dass wir beim Spalentor seien. Von hier aus versuchte ich erneut, ihm mit meinen Anweisungen den Weg zu zeigen, was einmal mehr misslang. Die nächste Positionsangabe, die ich mitgeteilt bekam, war die Margrethenstrasse. Ich war am Ende meiner Weisheit. Es kam mir nicht einmal mehr in den Sinn, ihn von hier aus zum Bahnhof zurückzuschicken. – Schliesslich hielt „Ali" ein weiteres Mal, schaltete den Motor aus, packte den Stadtplan und verliess das Taxi. – Da sass ich nun. Es war schon 20:10 Uhr. Eine gute Stunde war ich nun für eine Wegstrecke unterwegs, die man in knapp fünfzehn Minuten zu Fuss hätte zurücklegen können. – Ob ich diesen „fahrbaren Käfig" nun verlassen sollte? Doch ich wusste nicht genau, wo wir waren. Durch das herunter gekurbelte Fenster hörte ich auch keine Leute, die ich hätte fragen können. Da war „Ali" auch schon zurück. Wortlos und entschlossen setzte er die Fahrt fort. Es dauerte nicht lange und der Wagen bog unvermittelt nach rechts. „Olbeinstrasse, wirr jetzt Olbeinstrasse", frohlockte „Ali". Ich kannte den Strassenverlauf und es stimmt. „Gott sei Dank", seufzte ich, während ich das Überqueren der Tramschienen bei der Austrasse spürte. Wir waren nun da, wo wir kurz nach Beginn der „Odyssee" hätten abbiegen müssen. Nach der leichten Linksbiegung bei der Marienkirche glaubte ich, meine letzte Anweisung geben zu können: „Gleich das erste Haus links nach der Kreuzung!" Vorschriftsmässig hielt das Taxi am Stoppschild vor der Kreuzung, querte die Leonhardsstrasse und fuhr, trotz meines deutlichen Zeichens, an der Hausnummer 20 vorbei. „Weit kommt er nicht!", dachte ich, denn der untere Teil der Holbeinstrasse ist eine Sackgasse. Prompt kam der Wagen zum Stillstand mit „Alis" Hinweis: „Hirr nicht meglich weiter!" Ruhig sagte ich nun: „Jetzt langsam, langsam zurück!" Dabei versuchte ich, die Häuser von zwei bis zwanzig abzuzählen. Doch bevor ich „Stopp" schreien konnte, fuhr er das zweite Mal an meinem Haus vorbei. Schon bog er nach links, die einzig erlaubte Fahrtrichtung, in die Leonhardsstrasse ein! Von hier aus würde er auf den Cityring kommen, von wo aus er wohl weitere Runden gedreht hätte. So laut ich konnte, brüllte ich: „Halt, halt!". „Ali" stoppte. Ich streckte ihm einen Zehnfrankenschein hin, doch er winkte ab. Ich verliess fluchtartig das Auto, die Tür knallte hinter mir zu und weg war es. – Taumelnd ergriff ich einen Bauzaun. „In Ostanatolien mag Ali ja seine Qualifikationen als Schafhirt gehabt haben, aber wie kam er hier zu einer Taxi-Lizenz?" ging es mir durch den Kopf. Ein freundliches Paar bot mir nun Hilfe an. Ich liess mich, obwohl ich wusste, wo ich war, gerne über die Kreuzung zur Haustür begleiten.

Einige Zeit später widerfuhr mir Ähnliches mit einem schweizerischen Fahrer. Die Odyssee war nicht ganz so lange. Ich glaube, der Tag wird kommen, an dem man mir am Taxistand die linke Wagentür öffnet, und ein Hinweis ertönt: „Ich Wagen, Sie Stadt kennen, daher Sie selbst fahren, ich nur mitfahre und kassiere!"

Schwarz wie die Nacht

Die Dämmerung legte sich wie ein grauer Schleier über das Gebirge. Der leuchtende Widerschein des Abendrots, aus der Felswand über uns, war schon geraume Zeit erloschen. Dafür stand bereits, über den Tannenwipfeln im Osten, die silberne Scheibe des zunehmenden Mondes hoch am Himmel. Die meisten Gäste des Berggasthauses „Schauenburg" waren von der Terrasse nach Drinnen geflüchtet oder ins Tal gezogen. Der leichte, aber kühle, Fallwind schien den ausgehenden Spätsommertag weg zu wehen. Aus den offen stehenden Gaststubenfenstern und den ebenfalls geöffneten Küchen- und Eingangstüren, drang der typische Lärm, scherzender und sich lautstark unterhaltender Menschen. Vor allem die Karten spielenden Männer, am grossen Tisch in der Küche, waren nicht zu überhören. Vater und ich überlegten, ob wir nicht bald ein ruhigeres Plätzchen suchen sollten. Von weit oben, von den Müren her, war plötzlich ein lautes Jauchzen zu vernehmen. Ein offenbar mehr als gut gelaunter Wanderer kam immer näher und bevor wir uns endlich erhoben, hatte dieser die Terrasse erreicht. Jetzt erkannten wir ihn, es war unser Nachbar, das Dorforiginal Albert, der „Berteli" genannt wurde. Lautstark begrüsste er jeden mit seiner ziemlich hohen Stimme. „Hallo Berteli, wo kommst Du denn her?" So tönte es aus der Männerrunde in der Küche. Sie hatten inzwischen ihr Kartenspiel aufgegeben und der Ankömmling gesellte sich zu ihnen. Wir fanden an einem kleinen Tischchen, in einer Ecke der grossen Rauchküche des uralten Hauses, Platz. – Man zog nun, an diesem besagten Stammtisch, den Berteli von allen Seiten auf. Seine Frau war nicht als „Original", sondern als „Dorfhexe" berüchtigt. „Ich hab sie schon im Griff; müsst gar nicht glauben, gar nicht!", erklärte Berteli lauthals, was ihm selbstverständlich niemand abkaufte. Schliesslich gab er sogar einige Beispiele aus dem Intimleben mit seiner „Besengret" zum Besten. Die Bauernburschen krümmten sich vor Lachen und klopften sich auf die Schenkel. Zum ganzen Treiben floss reichlich Weisswein. Als diese Hochstimmung etwas abebbte, verkündete Berteli: „Im kommenden Frühjahr werde ich, mit Gret zusammen, den Bergbauernhof ‚Althüsli‘ mit Restaurant übernehmen! – Ihr könnt's glauben oder nicht." Obschon alle wussten, was sie von dieser Aussage halten sollten, tat man so, als glaube man ihm, ohne jeglichen Einwand. Ein gespieltes Raunen, des Erstaunens und der Anerkennung, ging durch die Runde. Unbemerkt hatte sich der Moser Fritz vom Tisch entfernt und kam bald wieder mit einer grossen Kuhglocke herein.

„So, Berteli, jetzt üben wir den Alpaufzug ins Althüsli", rief Fritz und hängte dem angeblichen, neuen Bergbauern die Glocke um. Dann nahm er eine Pfanne und eine grosse Kelle vom grossen Holzherd. Er forderte zwei andere dazu auf, es ihm mit Pfannendeckeln und dergleichen nach zu tun. Lärmend und grölend setzte sich dann der Zug in Bewegung: Zur Tür hinaus, vorneweg der Berteli mit der Glocke. Er brüllte immer die gleichen drei Worte: „Hoi, hoi, Schwarzfleck!" Dieser „fastnächtliche Alpaufzug" führte ein Stück die Müren hinauf und wieder zur „Schauenburg" zurück. In die Küche zurückgekehrt, rief Fritz dem Berteli zu: „Wenn du schon immer Schwarzfleck schreist, so müssen wir dich auf passende Weise färben!" Er nahm Russ vom Holzherd und verschmierte diesen in Bertelis Gesicht. Letzterer, keineswegs mehr ganz nüchtern, wehrte sich nicht mehr; auch dann nicht, als ihm die Kellnerin Lisa das Gesicht mit einem Stück Speckschwarte glänzend polierte. Schliesslich holte sie noch einen Lippenstift und malte dem Schwarzhaupt kitschig rote Lippen. Nun kugelte sich in dem Wirtshaus das Volk vor Lachen und einige schrien: „Berteli! Nun aber wollen wir auch einen afrikanischen Volkstanz sehen und zwar oben auf dem Stammtisch!" Berteli liess sich hinauf helfen und hüpfte dann auf dem massiven Tisch wie ein Tanzbär im Kreise. Damit nicht genug! Der kräftige Fritz sprang kurzerhand ebenfalls auf den Tisch, stülpte Bertelis Hosenträger über einen Haken an der Decke, hüpfte zu Boden und zog dem Tänzer den Tisch unter den Füssen weg. Es war ein seltsamer Anblick, wie der unfreiwillige Komiker zappelnd und kreischend an der Decke hing. Doch man half ihm wieder herunter. Es floss noch einiges Nass durch die Kehlen, bis auch die letzten Gäste, teilweise torkelnd, das Lokal verliessen. Zu den Allerletzten gehörten Berteli und seine Tischgenossen. Fritz hängte dem Berteli wiederum die Kuhglocke um und der Edi band ihm hastig eine, mehrere Meter lange, Schnur um den Bauch. Das Ende hatte er zuvor an einer leeren Bisquitbüchse befestigt. „Alpabtrieb! Vorwärts! Marsch!", so lautete das Kommando. Diesmal folgte Berteli den andern, die Glocke schwingend, immer wieder „hoi, hoi, Schwarzfleck" rufend. Von dem blechernen Rumpeln der Büchse begleitet, zog er die steinige Bergstrasse talwärts. Nach ungefähr einer Stunde trennte sich Bertelis Weg von demjenigen seiner Mitzecher. In einigem Abstand ging er jetzt hinter uns drein. Die Dichte des Waldes nahm Einfluss darauf, ob der Mondschein die Strasse einigermassen oder gar gut ausleuchtete. Im Tal angelangt, drehte Berteli sogar noch eine Ehrenrunde um unser Haus, bevor er im Eingang des grossen, alten Hauses, wo er zusammen mit drei andern Familien wohnte, verschwand.

Am andern Tag erzählte Josef, ein Hausgenosse von Berteli, letzterer hätte, in der Nacht, alle im Haus aufgeweckt. Nachdem dieser nämlich schwankend die Holztreppe emporgestiegen war, habe sich die Büchse an der untersten Stufe eingehängt, worauf es Berteli, von fast oben, wieder rücklings hinunter gezerrt hätte. Als Josef, auf Grets Schreien und Schimpfen hin, in den Flur hinaus geeilt sei, habe er den Berteli gesehen, wie er sich etwas mühsam erhob. Jetzt wohl habe Gret erst sein Gesicht gesehen, das schwarz wie die Nacht angemalt war. Mit einem grässlichen Schrei des Entsetzens, sei sie in ihre Wohnung geflüchtet. Am Tag darauf kam Gret, unter irgendeinem Vorwand, zu uns, um ihrem Ärger Luft zu machen. Sie schilderte uns die nächtlichen Ereignisse in den düstersten Farben: „Diese Lausbuben und Taugenichtse haben meinen lieben Berteli dermassen geplagt und schikaniert!", ereiferte sie sich und fügte mit Nachdruck hinzu: „Der Ferdi" – ein anderer Bergbauernwirt – „ist ebenfalls ein Halunke; der hätte doch einschreiten und für Ordnung sorgen müssen! Statt dessen hat er sich auch noch amüsiert. Der bekommt seine Kuhglocke aber nie, nie wieder!"

Ungefähr zwei bis drei Wochen später, ich war eben im Begriff, meinen Heimweg anzutreten, kam Ferdi mit seinem Pferdefuhrwerk durch das Dorf gefahren. Wir begrüssten uns, und da wir denselben Weg hatten, schwang ich mich zu ihm auf den Wagen. „Eigentlich kommst Du mir gerade wie gerufen", meinte Ferdi. „Du kannst gleich nach den Pferden schauen, denn ich gehe rasch bei Gret vorbei, um die Kuhglocke zu holen." – „Mutig, mutig! Ich wünsch dir viel Erfolg, denn sie hat dich zünftig gerühmt", erklärte ich. Ferdi lachte und entgegnete: „Lass das ruhig meine Sorge sein, mit dieser Hexe werde ich schon fertig." Nachdem wir neben Grets Haus angelangt waren, drückte Ferdi mir die Zügel in die Hand und begab sich raschen Schrittes in die „Höhle der Löwin". Da sich der Hauseingang auf der mir abgewendeten Seite befand, hörte ich nicht, wie „nett" er empfangen wurde. Etwa fünf Minuten später kam Ferdi mit der Kuhglocke in der Hand zurück. Auf meinen erstaunten und fragenden Blick erläuterte er mir: „Bei dem Anblick meiner Person, schoss ihr vor Zorn das Blut in den Kopf und sie wollte gleich richtig loslegen. Als ich jedoch ein Fläschchen aus meiner Tasche zog, beruhigte sie sich bald. Zu sehr mag sie den Enzian."

Die Anhalterin

Kurt ging auf sein Auto zu. Grell leuchtete der rote Lack des schnittigen Kleinwagens im morgendlichen Sonnenlicht. Er war beinahe versucht, seinen Sportwagen liebevoll zu streicheln. Er liess von dem Gedanken ab: „Ich gehöre doch nicht zu jenen Spinnern, die ihr Gefährt mehr umsorgen, als die Partnerin oder Kinder." Er stieg ein. Beim ruhigen, aber zügigen Wegfahren, dachte er: „Endlich wieder mal an einem Sonntag frei! Und das Wetter ist auch noch hervorragend. Fahre vorerst gegen Zweisimmen und dann, vielleicht, weiter in Richtung Thunersee. Werde mal sehen. – Man sollte nur nicht so alleine ausfahren. Peter hat's da besser, der ist jetzt wahrscheinlich mit seinem neuen „Schwarm" unterwegs. – Wie lange mag es diesmal wohl halten? – Ich, meinerseits, würde es mit einem lieben und netten Mädchen schon ehrlich meinen, aber ich finde einfach nicht die Richtige." Diese Gedanken waren kaum zu Ende gesponnen, da sah Kurt am Strassenrand – Dorfausgang Richtung Saanenmöser – ein Mädchen stehen, das zaghaft mit dem Daumen winkte.

Das Mädchen hatte halblanges, blondes Haar und war schlicht in Jeans und T-Shirt gekleidet. In der Hand hielt sie eine kleine Reisetasche. „Hat mich wohl der Himmel erhört?" Mit diesen, halblaut vor sich hin gesprochenen Worten, stoppte Kurt das Fahrzeug. Er öffnete hastig die Tür und rief der Anhalterin zu: „Wollen Sie mitfahren?" Blitzartig dachte er: „Dumme Frage, wozu hätte sie denn sonst da gestanden?" Etwas schüchtern, jedoch freundlich grüssend und sich mehrfach bedankend, setzte sich das Mädchen auf den Beifahrersitz. „Wenn Sie mich bitte bis Zweisimmen oder sogar bis Boltigen mitnehmen könnten; von dort könnte ich das Postauto nach Jaun nehmen. Von da komme ich dann mit einem Kleinbus oder Jeep weiter nach Abländschen, wo meine Grosseltern wohnen.

Nun ist Grossmutter krank, und ich muss nach dem Rechten sehen", erklärte die junge Frau in ihrem einheimischen Dialekt. Zum Glück war Kurt, im vergangenen Sommer, mit Peter in diesem „Nest", so konnte er ihr unvermittelt anbieten, sie dort hin zu fahren. Sie stammelte etwas von: „Das darf ich doch nicht annehmen, kann wirklich ..." – „Nein, nein! Kein Problem, ich fahre ohnehin ins Freiburgische", unterbrach sie Kurt. Darauf stellte er für sich fest, dass er eben seine Begleiterin angelogen hatte. Diese Überlegung schob er jedoch mit folgender Begründung beiseite: „Wenn ich sie dahin bringe, dann fahre ich ja ein Stück durch das Freiburgische."

In den weit ausladenden Kurven des Saanenmösers kam es beim Schalten in einen anderen Gang vor, dass sein Handrücken, kaum merkbar, den Jeansstoff ihres linken Hosenbeins berührte. Beinahe errötete Kurt leicht und er sagte sich: „Sie darf keinesfalls das Gefühl bekommen, ich wolle sie auf billige Weise anmachen." – Nach kurzem Schweigen meinte er: „Sie werden wohl längst bemerkt haben, dass ich nicht hier aus der Gegend stamme." – „Ja", sagte sie und erklärte: „Einerseits aufgrund Ihrer Sprache und andererseits aus der Tatsache heraus, dass sich hier fast alle, Jung und Alt, duzen." Umständlich und verlegen bietet Kurt ihr sofort das „Du" an. „Ich heisse Daniela, wohne noch bei den Eltern in Saanen und arbeite in der Region als Helferin beim Dachverband der kantonalen Hauspflege", berichtete sie. Kurt dachte bei sich, dass ein Mann beim Beruf von Daniela wohl sehr gut aufgehoben wäre. Er stellte sich ebenfalls näher vor: „Ich bin Solothurner; genauer gesagt, geboren und aufgewachsen bin ich in Gänsbrunnen. Ein ähnlich kleiner Ort wie Abländschen. Unser Dörfchen liegt nördlich des Weissensteins in einem engen Tal. Die Jurahöhen sind nicht so hoch wie die Berge hier. Dank einer Bahnlinie, ist Gänsbrunnen auch nicht ganz so abgelegen, wie der Wohnort deiner Grosseltern. Nach einer Kochlehre in einem Hotel in Solothurn und drei Jahren in einem Betrieb in Montreux, hat es mich vor gut einem Jahr nach Gstaad verschlagen.

Dort, im Hotel „Alpenblick", gefällt es mir ganz gut, obwohl ich da noch keinen allzu grossen Freundeskreis aufbauen konnte." Daniela nickte und lächelte beiläufig. Während seiner Erläuterungen hatte sie den Mann zu ihrer Linken ständig, aber diskret, betrachtet. Noch immer in Gedanken versunken, dachte sie: „Der Typ würde mir eigentlich ganz gut gefallen; besser als all die Kerle, die einem machmal schöne Augen machen. Bei ihm würde ich mich wohl kaum, gleich mit Heftigkeit, widersetzen – aber eben." Auch Kurt machte seinerseits Persönlichkeitsstudien, wobei er beinahe in Boltigen die Abzweigung zum Jaunpass verpasst hätte.

„Sie ist ein einfaches Mädchen, schlicht und nicht im geringsten herausgeputzt. Sie wirkt trotzdem gepflegt und äusserst sympathisch. Eigentlich eine Partnerin nach meinem Geschmack." Dies waren so die Gedanken von Kurt. – In den vielen Kurven der Passstrasse kamen sich ihre beiden Körper sehr nahe und auch sonst fühlten sich die zwei bereits irgendwie vertraut. – Gegen die Passhöhe zu unterbrach Kurt das längere Schweigen: „Schau mal, die vielen prächtigen Wiesenblumen. Schade, dass wir keine Zeit haben; hier sollten wir etwas verweilen können." – „Ja, tatsächlich, jammerschade", entgegnete Daniela in leicht wehmütigem Ton. „Magst du Zürich-West?" Bei seiner Frage griff Kurt bereits nach dem CD-Fach. Zuoberst lag die Neuste der erwähnten Gruppe. „Die kann ich nicht nehmen", dachte er. „Die Texte der Songs sind zu heiss. Sonst glaubt sie noch ..." – „Hast Du die Neuste von Zürich-West?", so lautete nun die überraschende Frage von Daniela. Kurt bejahte und schob doch die oberste Scheibe in den Player.

Die beiden genossen die poppige Musik, aber ihre Gedanken blieben ein Geheimnis. Wenn der Sänger der Gruppe besonders sinnliche Lebensmomente beschrieb, getrauten sich die beiden kaum anzusehen. Als Kurt beim Dorf Jaun die schmale Strasse nach Abländschen erreicht hatte und die sogenannte „moderne Zivilisation" mehr und mehr hinter ihnen lag, klagte er für sich: „Warum bloss muss ich dieses, mich anziehende Mädchen, in dieses „Loch" bringen? Weshalb kann Daniela diesen herrlichen Tag nicht mit mir verbringen, damit wir uns näher kennen lernen?" Auch Daniela hing ihren Gedanken nach: „Meine Grosseltern sind mir zwar lieb; doch gäbe ich jetzt viel dafür, könnte ich mit diesem flotten Burschen irgendwo hinfahren. Schliesslich bin ich dreiundzwanzig und sollte doch bald mal jemanden haben." Als die Häuser des Dörfchens zu sehen waren, sagte Kurt: „Wenn ich dich bloss noch im – übrigens ausgezeichneten – Dorfrestaurant zum Essen einladen könnte. Ich weiss natürlich, dass dies nicht geht; doch zumindest rasch für einen Kaffee sollte es sicher reichen." – „Ja", entgegnete sie ohne zu zögern, „aber, wenn schon, lade ich Dich fürs Mitnehmen ein." Kurt wollte das nicht annehmen, doch sie machte ihm klar, sie würde sich nur in das Gartenrestaurant setzen, wenn er ihr Gast sei. Auf dem Parkplatz blieben sie noch einige Minuten im Auto sitzen und hörten die CD bis zum Ende. Als der letzte Ton verklungen war, schauten sie sich kurz, jedoch tief in die Augen. Dann stiegen sie – wohl irgendwie widerwillig – aus und setzten sich an einen Gartentisch. Es herrschte eine grosse Stille. Vereinzelter Vogelgesang, vor allem das, immer gleich wirkende, „Geschwätz" der Spatzen im Kastanienbaum und das Krähen eines Hahns in der Ferne war alles, was es zu vernehmen gab. Ein freundlicher Kellner nahm nun die Bestellung auf.

„Hat mich riesig gefreut, dich zu treffen", brachte Kurt mit aufgeregter Stimme hervor. „Ganz meinerseits", erwiderte Daniela in etwas melancholischem Ton. Kurt erwiderte: „Willst du mir Bescheid sagen, wann ich dich hier wieder abholen kann?" – „Das wäre schön", meinte Daniela. „Mein Vater bringt aber am Mittwoch meine Schwester, die mich ablösen soll, und nimmt mich dann natürlich gleich zurück." Kurt verzog etwas enttäuscht das Gesicht. Der Ober brachte die beiden Kaffees. Sie bezahlte sofort und wollte etwas zu Kurt sagen. In diesem Moment kam ein Mann um die Ecke und rief: „Ah, da bist du ja schon! Obwohl es Grossmutter bereits etwas besser geht, brauchen wir dich dringend." – „Komme sofort, muss nur rasch den Kaffee austrinken. Dieser Mann hat mich liebenswürdiger Weise ein Stück mitgenommen, sonst wäre ich noch nicht hier", antwortete Daniela. Der ältere Herr erklärte, dass er schon mal vorausgehen würde, um Bescheid zu sagen. – Nun ging plötzlich alles sehr schnell. Die Tassen waren bald leer. Sie erhob sich mit den Abschiedsworten: „Vielen, vielen herzlichen Dank, Kurt! Vielleicht mal wieder, aber jetzt muss ich." Sie erwiderte seinen kräftigen Händedruck. Er hätte sie jetzt so gern, wenn auch nur kurz, in die Arme genommen und geküsst, aber ... Schon war sie, noch winkend, um die Ecke verschwunden.

Kurt setzte sich also, wieder alleine, in sein Fahrzeug. Er zögerte und fuhr, vorerst unentschlossen, los. In seine „Katerstimmung" drang nun plötzlich ein gewisses Heimweh. So fuhr er nicht, wie anfänglich beabsichtigt, an den Thunersee, sondern, über Freiburg und Bern, nach Solothurn. Im vertrauten Städtchen flanierte er etwas umher. Dann ging er zum Mittagessen in ein Lokal, wo er als Lehrling oft war. Irgendwie hoffte er, irgendwo ein bekanntes Gesicht aus früheren Zeiten zu treffen; doch am heutigen Tage schienen alle Bekannten ausgeflogen zu sein. Nach dem Mahl, das ihm nur halbwegs geschmeckt hatte, fuhr er hinauf zur Talstation der Weissensteinbahn. Es mag wohl Zufall gewesen sein, dass der Sitz neben ihm im Sessellift leer blieb. – Die herrliche Waldesluft auf der gut zehnminütigen Fahrt wirkte hingegen wohltuend. Er sah nun auf grössere Distanz die Alpen so, wie er sie als Bub immer bestaunt hatte. Jetzt hatte er sie an seinem Wohnort direkt vor der Tür. Oben waren, wie an solchen Tagen üblich, viele Menschen unterwegs, und er dachte: „Merkwürdig, man ist unter so vielen Leuten und doch allein." – Nach einem knapp zweistündigen Aufenthalt auf seinem früheren Hausberg fuhr er wieder talwärts. Hätte

er besseres Schuhwerk angehabt, wäre er zu Fuss nach Gänsbrunnen hinunter gestiegen. So trat er nun mit dem Lift, und sich durch
Musik die Zeit etwas verkürzend, die Heimfahrt an.

Daniela hatte alles andere als Sonntag. Nach Kochen und Essen er-
wartete sie ein Haufen von Wäsche. Grossmutter war nicht wehlei-
dig, aber doch etwas ungehalten und kribbelig, weil sie noch nicht
aufstehen und mithelfen konnte. Grossvater fragte mal fast eher
beiläufig: „Kennst du den jungen Mann, der dich heute Vormittag
hergefahren hat?" Daniela verneinte und freute sich dann, als der
Grossvater erklärte, er fände ihn nicht unsympathisch.

Daniela war müde von der Arbeit, konnte aber einfach nicht ein-
schlafen. Kurz vor Mitternacht wälzte sie sich noch in ihrem Bett
von der einer Seite auf die andere. Der Mann, den sie heute getrof-
fen hatte, wollte ihr nicht aus dem Kopf. „Ich Idiot, warum habe
ich ihm die Telefonnummer nicht gegeben, als er fragte, ob er mich
abholen könne? Hätte auch sagen können: ‚Machen wir doch sonst
etwas ab'. Könnt mich ohrfeigen", schimpfte sie mit sich selbst. Sie
stand nochmals auf, ging ans offen stehende Fenster und schaute
in die Nacht hinaus. Der milde, aber doch erfrischende Nachtwind,
kräuselte sanft ihr Haar. Es duftete nach Gras. Von weit her hörte
sie das Geläut einer Viehherde und irgendwo in der Ferne bellte ein
Hund. Zu sehen waren bloss ein paar Lichter abgelegener Gehöfte.
Hoch über den bizarren Konturen der Gastlosen funkelten prächtig
die Sterne. Da plötzlich fiel ihr ein: „Ich Huhn, er hat mir ja gesagt,
wo er arbeitet!"

Zur gleichen Zeit lag auch Kurt noch wach. Das blonde Mädchen,
das er heute fahren durfte, liess ihm keine Ruhe. Durch das offe-
ne Fenster drang von irgendwo her Discomusik, ganz diskret und
keineswegs Schlaf hindernd. Vom Bett aus sah er die zahlreichen,
noch erleuchteten Fenster der Chalets am Hügel gegenüber. Kurt

fasste plötzlich einen Entschluss: „Ich werde sie finden! Auch wenn ich sie im ganzen Saanenland suchen und von Tür zu Tür gehen muss."

Fazit:

Es begann alles so schön und fein;
es hat aber noch nicht sollen sein.
Wer weiss, wer weiss, vielleicht,
dass sie das Glück doch noch erreicht.

Der Tote im Heiterwald

Es war ein sehr heisser Sommertag, als Oberförster Flury im unwegsamen Heiterwald umher stieg. Er kennzeichnete die Bäume, die gefällt werden mussten, mit einem grossen Messer am Stamm. Ferner schaute er, wie das bereits herumliegende Sturmfallholz, zusammen mit den neu zu fällenden Stämmen, aus dem Hang geschleift werden könnte. Zu jener Zeit, vor dem zweiten Weltkrieg, war die Land- und Forstwirtschaft kaum mechanisiert. Die Baumstämme mussten mit Pferdegespannen zu sehr dürftig ausgebauten Waldwegen geschleift werden. Auch hatten die Förster und Holzfäller oft lange und teilweise gar beschwerliche Fussmärsche zurückzulegen, bevor sie mit der eigentlichen Arbeit beginnen konnten; so auch Flury. Er wischte sich in kurzen Abständen immer wieder den Schweiss aus dem Gesicht.

Die Sonne brannte stechend in jede auch nur kleinste Waldlichtung. Die Umgebung war erfüllt von dem Summen der Insekten, und die laut brummenden Bremsen attackierten Flury unentwegt. Um sich das Ungeziefer etwas vom Leibe zu halten, zündete sich der Förster schliesslich eine Pfeife an. Er hatte schon ein ansehnliches Gebiet durchstreift und über manchen Baum sein „Todesurteil" verhängt, als er ein Weilchen innehalten musste. Flury lehnte sich gegen eines seiner „Opfer" und schaute den dicken, bläulichgrauen Rauchwolken nach, die er gegen seine Peiniger ausstiess. Er liess seine Blicke Hang aufwärts, bis hin zum Horizont, wandern: Am oberen Rand, des sehr steilen Geländeabschnittes, befand sich ein Hochplateau mit Weideland: Es war mit einzelnen kleinen Felskuppen umrangt. „Dort oben lohnt sich der Holzschlag nicht. Die Stämme sind zu dünn, zum Teil misslich geformt, eigentlich eine Art Urwald", dachte der Waldfachmann. – Da bemerkte er an einer verkrüppelten Bergföhre, deren Geäst über einen knapp drei Meter hohen Felsbrocken hinausragte, eine Art Vogelscheuche, die über den Fels herunterhing. Flury gab sich, aus Neugier, einen Ruck und quälte sich noch ein Stück bergauf. Immer noch konnte er nicht genau erkennen, was da droben hing. „Ich Esel, hab ja mein Fernglas im Rucksack", knurrte er vor sich hin und kramte das klobige Ding hervor, setzte es an seine Augen und spähte hindurch.

Als ob er seinen Augen nicht trauen könnte, nahm er den Feldstecher wieder vom Gesicht, wischte sich kurz die dieselben und schaute gleich wieder durch die Gläser. „Das gibt's ja nicht", stiess er hervor; doch Flury konnte schauen, so lange er mochte, es war unbestreitbar zu sehen. Da hing ein menschliches Skelett. Die blanken Schädelknochen leuchteten hell im Sonnenlicht. Über den Schultern hing noch eine verwitterte Oberbekleidung. Es mochte ein Kittel, eine Jacke oder auch nur ein Hemd sein. Die Beinkleider waren abgefallen. Aufgrund der erkennbaren Restbekleidung, musste es wohl ein Mann gewesen sein.

Der „Kerl", da oben, wirkte auch im hellsten Tageslicht, dieses hochsommerlichen Nachmittags, gespenstisch. Flury lief, trotz der Hitze, ein kalter Schauder über den Rücken. Er versuchte, sich vorerst durch seine Arbeit abzulenken. Immer wieder musste er zum besagten Fels hinauf blicken, um sicherzugehen, dass das Ganze nicht bloss ein seltsames Hirngespinst war. Schliesslich schritt er rasch Hang abwärts. Dann den, wieder mässig ansteigenden, mit Gras überwachsenen, schmalen Schwelliweg hinauf.

Nach ungefähr zwanzig Minuten erreichte Flury den Stallberg. Das Bergbauernehepaar Burger hatte gerade die letzten Wagen Heu eingefahren und sass nun in der Gaststube beim wohlverdienten Imbiss.

Flury trat in den Berggasthof Stallberg ein. „Hallo Sepp! Machst Du auch schon Feierabend bei dieser Affenhitze? Man glaubt kaum, auf 1300 Metern Höhe zu sein. Aber wir haben nun alles Heu unter Dach. – Geht's bald los, mit dem Holzschlagen im Heiterwald?" Mit diesen Fragen begrüssten die Bauersleut den ihnen bestens vertrauten Gast. Flury setzte sich, bestellte Wurst und Brot und kam gleich zur Sache: „Die Holzfällerequipe wird nächste Woche anrücken. Sobald einiges Holz liegt, möchten wir mit dem Rausschleifen beginnen. Ich nehme an, du wirst dich mit deinen zwei kräftigen Pferden beteiligen. Zwei gute Gespanne aus dem Dorf habe ich schon. So könnten wir in Ruhe fertig werden, bevor der erste Schnee fällt", erläuterte der Förster dem Stallbergbauern. Die Bäuerin, respektive Wirtin, brachte eben den Imbiss und einen Krug Most, als Flury fortfuhr: „Ich habe vorhin eine höchst makabere Entdeckung gemacht! Im entlegensten Teil des Heiterwaldes, oben bei den kleinen Flühen, da hängt einer oder wenigstens das, was wohl Vögel und Insekten von ihm übrig gelassen haben: Die blitzblanken Knochen und der verwitterte Lappen eines Kleidungsstücks." Bei diesen ausführlichen Schilderungen, machte das Ehepaar Burger Augen, gross wie Heuwagenräder und die Frau fragte: „Und was nun?" – „Der hängt offenbar schon Jahre dort", meinte der Förster. „Seinetwegen brauche ich jetzt nicht gleich talwärts zu eilen. Ich werde mich aber trotzdem nicht allzu spät auf den Heimweg machen und im Dorf den Landjäger, über den erstaunlichen Fund, informieren." Nach geraumer Weile empfahl sich Flury und trat den ungefähr zweistündigen Weg zurück. Burger rief ihm noch nach: „Fahre morgen in der Früh, mit Ross und Wagen zum Einkauf ins Dorf. Ich wäre so gegen zehn in der „Krone", falls die Polizei mit dir zusammen einen Augenschein nehmen will." Der Förster bedankte sich, winkte zurück und zog endgültig los.

Bevor Flury nach Hause ging, um den kurzen, aber mehr als verdienten Feierabend zu geniessen, begab er sich auf den Polizeiposten. Landjäger Allemann – ein etwas korpulenter Mann – Mitte fünfzig – sass an der klapprigen, schwarzen Schreibmaschine und hackte irgendeinen Rapport aufs Papier. Er erwiderte des Försters Gruss mit der Frage: „Was willst denn du ‚alter Holzwurm‘ zu dieser Stunde noch von mir?" – „Ich will dem berühmten und unerschrockenen Kriminalgenie noch einen spannenden und heissen Fall unterbreiten", witzelte Flury zurück und informierte den Beamten kurz, aber klar, über seine Entdeckung im weit abgelegenen Heiterwald. Während Flurys Schilderung schaute Allemann zur Decke und verzog das Gesicht. „Was soll an dieser Sache spannend sein? Der wird sich dort oben erhängt haben. Glaubst Du etwa, es liessen sich nach so langer Zeit noch Spuren finden, die auf ein Delikt schliessen lassen könnten?" Auf diese Fragen des Ordnungshüters meinte Flury bloss: „Bist du Polizist oder ich?" Allemann kratzte sich am spärlich behaarten Hinterkopf und fluchte: „Verdammter Mist! So musst du mich eben morgen, bei dieser mörderischen Hitze, dort hinauf begleiten." – „Hast wieder mal Schwein, Herr Landjäger", sagte Flury. „Der Burger vom Stallberg nimmt uns morgen um zehn Uhr von der ‚Krone‘ mit dem Pferdefuhrwerk hinauf. Vom Stallberg aus wird es ja wohl, für einen so sportlichen Polizeigefreiten, ein Kinderspiel sein", fügte der Förster hinzu und verabschiedete sich.

Am darauf folgenden Tag waren die beiden – Landjäger und Förster – froh, als sie vor dem Hause des Stallbergs angelangt waren. Schliesslich wurden sie auf der langen, aber gemächlichen Fahrt kräftig durchgeschüttelt, da das holprige Gefährt über eine steinige Strasse führte. Vorerst galt es, sich mit einer Berner Platte zu stärken. – Burger stand nach dem Essen als erster auf; dabei war wohl die Neugier auf das etwas Gruselige, das da kommen mochte, sein Antrieb gewesen. „Sagen Sie am Besten nichts von der Sache, wenn Gäste kommen", ermahnte Allemann die Wirtin. Darauf stapften die drei Männer dem Walde entgegen. Als das Gelände immer steiler anstieg, mussten sich Flury und vor allem Burger sehr zurücknehmen, damit der keuchende, und Schweiss triefende, Gesetzeshüter noch mithalten konnte. „Ich hab dir ja gestern versprochen, es handle sich um einen heissen Fall", spottete Flury. Der Landjäger ersparte sich aus Gründen der Kräfteschonung eine entsprechende Entgegnung. Sie mühten sich noch ein Stück den Hang aufwärts, dann hielten sie inne. „Schaut dort", sagte Flury und wies mit der Hand zum, in der Sonne leuchtenden, Felsen hinauf. „Sogar mit blossem Auge ist er bereits zu erkennen!" Noch stark schnaufend, lehnte sich Allemann mit dem Rücken an eine alte Buche. Er bestätigte: „In der Tat, es sieht nach einem Erhängten aus." Flury gab seinen Feldstecher dem Stallbergbauern, während der Landjäger ebenfalls ein Fernglas hervorholte. Beim näheren Betrachten der Situation schimpfte er: „Warum musste sich dieser Tor ausgerechnet ‚am Arsch der Welt' aufhängen?" „Mehr Respekt vor meinen Wäldern, bitte!", entgegnete der Förster lachend und Burger fragte: „Was nun?" Allemann wischte sich nochmals ein paar dicke Schweisstropfen von der Stirn und erklärte danach: „Das gibt mir einen Zirkus, verdammt noch mal! Wenn ich dazu Rapport erstatte, was ich ja eigentlich sollte, dann kommt der Untersuchungsrichter mit seinem ganzen Gefolge! Da bleibt es nicht bei einem Augenschein, bis sie den da endlich herunter holen; da müssen wir wohl noch zigmal hier herauf kraxeln. Dabei könnte ich mir vor Überanstrengung gar noch selbst den Tod holen." Bei diesen Ausführungen konnten die andern beiden ihr Grinsen kaum unterdrücken, und der Landjäger ereiferte sich: „Ihr braucht gar nicht so blöd zu lachen! Bin schliesslich nicht mehr der Jüngste." – „Und eben auch nicht mehr der Dünnste", fügte Flury frech bei. Er fuhr fort: „Werden wir, der Angelegenheit entsprechend, wieder ernst. Ich glaube, man darf schon von Selbstmord ausgehen. Der Lebensmüde hatte sich hier in der Gegend gut ausgekannt. Er mag wohl vom

Weideland her an den Abgrund getreten sein. Zuvor hatte er sich den, an der Föhre festgebundenen Strick, um den Hals gelegt und liess sich schliesslich über den Felsvorsprung hinunterfallen. Es ist zu vermuten, dass der Tote in völliger Abgeschiedenheit sterben wollte, wo man ihn kaum je finden sollte." – „Alle Achtung! So gescheit hab ich dich noch kaum je reden gehört", meinte Allemann. „Du könntest ja geradezu meinen Posten übernehmen, falls es dir mal bei Fuchs und Hase verleidet ist. – Jetzt aber ohne Sprüche! Ich bin ganz deiner Meinung, Flury. – Wäre es nicht total gegen den letzten Willen dieses Toten da droben, würde ich einen Rapport erstellen. Darauf würde der arme Kerl, nach einigem Hin und Her, von hier weggebracht und durch etliche gerichtsmedizinische Labors gereicht. Letztlich würde er irgendwo bestattet werden, wo er vielleicht ganz und gar nicht hin gewollt hätte. Unser Pfaffe würde unter Umständen gar eine Bestattung auf dem Gottesacker verweigern, weil die Überreste von einem stammten, der den Freitod gewählt hatte." – Auf diesen „tiefgründigen" Vortrag hin schwiegen alle drei eine Weile, bis Burger sagte: „Ich kannte und kenne einige solcher Kauze, auf die das Gesagte durchaus zutreffen könnte. Es gibt so seltsame Einzelgänger, die da in den Bergen umherziehen, ab und zu eine Arbeit annehmen, aber eigentlich ganz menschenscheu sind." Auch Flury dachte in der Sache ähnlich und sagte zu Allemann: „Du bist letztlich der uns allen Respekt einflössende Ordnungshüter, du hast zu sagen, wie es weitergeht." Wieder einmal kratzte sich der Angesprochene am Kopf und vertrat nun offen die Ansicht, dass es für alle – auch für den längst Entschlafenen – das Vorteilhafteste wäre, seine sterblichen Überreste gleich hier in diesem Bergwald zu bestatten. „Dann kommst du also morgen mit dem Herrn Pfarrer hierher?" fragte der Förster, obschon er wusste, dass der Ordnungs- und der Sittenhüter das Heu keineswegs auf derselben Bühne hatten. – Der Landjäger ersparte sich seinen Kommentar. – „Ich kann schon rasch bei mir Schaufel und Pickel holen", bot Burger an. Darauf fragte der Polizist mit sehr ernster

Miene: „Wer weiss eigentlich von dem Toten hier?" – „Wir drei",
meinte Flury, und der Stallbergbauer ergänzte: „Plus meine Frau
– aber ihr könnte ich schon klarmachen, dass sie schweigt." – „Da
hast du aber eine bessere Meinung von deinem Frauenzimmer", erwiderte Allemann skeptisch. – Aber nach geraumem Debattieren
gab der Landjäger Burger ein Zeichen, dass er sein Werkzeug hole
und huschte, flink wie eine Gemse, ab.

Bis der Landjäger zurückgekehrt war, hatten der Förster und der
Polizist beinahe den Felsen erreicht. Das über ihnen hängende, nur
spärlich bekleidete, Skelett sah tatsächlich etwas unheimlich aus.
Nachdem der Stallbergbauer mit seiner Gerätschaft zurückgekehrt
war, zückte der Landjäger seine Dienstwaffe und versuchte, den
Strick, an dem das Gerippe hing, entzwei zu schiessen. Allemann
war zwar als guter Schütze bekannt, trotzdem gelang ihm dies
nicht. Nach dem Verpulvern des halben Magazins, gab er schliesslich auf. Nun begab sich Burger, über einen kleinen Umweg, nach
oben, zu der Föhre auf dem Abhang. Mit seinem Werkzeug war es
eine Leichtigkeit, den schon halb morschen Kälberstrick zu kappen.

Mit einem hölzern klingenden Klappern fiel das Skelett zu Boden
und rutschte danach noch ein Stück den Abhang runter, bis ins Un-
terholz, ganz in die Nähe der beiden Wartenden. Schliesslich fand
man, wenig unterhalb, hinter einer Fichtengruppe, einen nicht so
steilen Geländeabschnitt, wo der Unbekannte beigesetzt werden
konnte. Während Flury die restliche Erde auf das Grab schaufelte,
sprach Burger halblaut ein „Vater unser". Danach begaben sich die
drei unverzüglich auf den Stallberg zurück. Spät abends im Bett
sagte Frau Burger zu ihrem Mann: „Die Sache, in die du dich da
mit eingelassen hast, ist mir absolut nicht geheuer. Was ist, wenn
der Geist dieses Toten unserem Anwesen Unglück bringt?" – „Hör
doch auf, Marie! Wir leben doch nicht mehr im Mittelalter", entgegnete er. Meinte dann aber doch noch: „Interessiert hätte es mich
eigentlich schon noch, wer er gewesen war, und wie lange er im

Heiterwald gehangen hatte." Sie erklärte ihm, dass gerade letzteres schon hätte geklärt werden können, wenn ... Er ermahnte sie nochmals, von der Angelegenheit ja nie was verlauten zu lassen, sonst seien sie alle drei dran.

Ungefähr einen Monat später, im August, es war ein sehr schwüler Tag, hatte sich die Sonne schon am frühen Vormittag hinter immer dunkler werdenden Wolken versteckt. Marie Burger dachte beim Schälen der Kartoffeln für eine stattliche Gästezahl: „Heute kracht's, bevor es Abend wird." Holzschlag und -abtransport im Heiterwald waren schon flott vorangekommen. Kurz vor Mittag waren dann auch die ersten Donner zu vernehmen, die rasch näher kamen und lauter wurden. Beim Fallen der ersten schweren Tropfen rückten die Holzfäller sowie die Männer mit den Pferdegespannen auf dem Stallberg ein. Die Pferde fanden Unterschlupf und Futter im Stall, das Männervolk begab sich in die Gaststube. Der Förster sagte zur Wirtin: „Hast hoffentlich genügend Speisen und vor allem Tranksame an Lager, denn das wird wohl nichts mehr heute im Walde." – Im Innern des Hauses war es dermassen düster, dass Burger die Petroleumlampen anzündete. Die Suppe war noch nicht ausgelöffelt, da erleuchteten auch schon, in sehr kurzen Abständen, die zuckenden Blitze den Raum. Unmittelbar folgende, heftige Donnerschläge liessen das Haus immer wieder erbeben. Das schauderhafte Gewitter dauerte über zwei Stunden. Danach goss es draussen, wie aus Kübeln, weiter und ein Sturm kam auf, der den Regen gegen die Fenster schmetterte.

Die Männer plauderten gelassen oder spielten Karten. Ein Fensterladen hatte sich offenbar gelöst und schlug von aussen an die Wand. Ein Holzfäller sagte zu Burger: „Hörst Du, da will wohl einer rein." Burger erwiderte, die Zunge durch einiges Bier und ein paar Gläschen Wein gelockert: „Vielleicht ist es der Geist des Toten aus dem Heiterwald." Flury glaubte, nicht recht gehört zu haben, und sagte zum Waldarbeiter geschwind: „Weisst du, Burger meint da die alte Sage, die es da gibt." Burger bemerkte jetzt seinen Unsinn auch und erzählte fast überschwänglich von der „Heiterwaldsage". Der Holzfäller, ein schlauer Bursche, fand die Geschichte leicht komisch und begab sich später, als die Sache vergessen schien, zur Wirtin in die Küche. Er tat so, als wisse er etwas von einem Toten im Heiterwald. Marie Burger, welche den Burschen ohnehin sympathisch fand, erzählte ihm, nachdem sie ihm das Versprechen abgenommen hatte, ja nichts weiterzusagen, die wahre Geschichte. Wenn man will, dass sich eine Nachricht möglichst rasch verbreitet, muss man nur oft sagen: „Aber bitte, sag's ja nicht weiter. So fand auch die Kunde, von der im Heiterwald vergrabenen Leiche, im Dorf sehr rasche Verbreitung.

Als die makabere Geschichte schliesslich den äusserst gestrengen Herrn Pfarrer, der eher den Zorn Gottes als dessen Gnade verkörperte, erreicht hatte, war es für den Geistlichen ein „gefundenes Fressen", dem gottlosen Landjäger eins auszuwischen. Somit zeigte er letzteren bei der zuständigen Behörde an.

Der Herbst war bereits ins Land gezogen. Hochnebelschwaden bedeckten die Bergkuppen, auf den Wiesen leuchteten lila die Herbstzeitlosen und ein empfindlich kühler Wind wehte bereits. Das „Trio" Allemann, Flury und Burger stiegen nun mit dem Untersuchungsrichter samt seinem Tross, der sich aus Gerichtsschreiber, Gerichtsmediziner sowie zwei weiteren Beamten zusammensetzte, in den Heiterwald. Trotz dieser wesentlich tieferen Temperaturen, kam der Landjäger wiederum ins Pusten und Schwitzen, bis sie endlich die Fichtengruppe, hinter der sich das „Grab" befand, erreicht hatten. Flury und Burger erkannten die Stelle problemlos wieder, kamen sie doch bei den sommerlichen Waldarbeiten immer wieder in die Nähe, wobei sie stets an den „Begräbnistag" erinnert worden waren. Ein Beamter musste mit einer schweren Kamera einige Fotos von der Örtlichkeit schiessen, so auch von dem Fels, vor welchem der Tote so lange gehangen hatte. Danach befahl der Untersuchungsrichter in gestrengem Ton: „Exhumieren, meine Herren!" Flury und Burger brauchten nicht lange, um die zum „corpus delicti" gewordenen sterblichen Überreste auszubuddeln. Als das Skelett völlig freigelegt war, meinte der Mediziner: „Ja, da haben die Insekten ganz und gar gründliche Arbeit geleistet. Der Leichnam muss einige Jahre hier oben gehangen haben. Der ist so blitzblank, den könnte man direkt in einem Schulzimmer als Anschauungsobjekt aufstellen." Auf Geheiss des Richters, wurde der Ausgegrabene in eine Art Sack verpackt und abtransportiert. Unten am Waldweg legte man das Skelett in einen einfachen Tannenholzsarg, der mit dem bereit stehenden Pferdefuhrwerk zu Tale geführt wurde.

Wie Landjäger Allemann vorausgesagt hatte, wurde der Tote vor seinem endgültigen Begräbnis längere Zeit in verschiedenen Labors „herumgereicht". – Das Resultat dieser Untersuchungen ergab letztlich, dass es sich um einen acht Jahre zuvor als vermisst gemeldeten fünfundvierzigjährigen Mann gehandelt habe. In der damaligen Vermisstenanzeige hatte es unter anderem geheissen: „Könnte sich ein Leid angetan haben." Dieser Hinweis untermauerte den Tatbestand des Suizids. – Angehörige konnten keine mehr eruiert werden.

Die drei „Täter" wurden unter folgenden Punkten angeklagt: Behinderung der Justiz, Vertuschen eines Tatbestandes, Beseitigung von „Beweismaterial" und so weiter. Landjäger Allemann zusätzlich noch wegen Dienstpflichtverletzung, Amtsanmassung, Informationspflichtverletzung und anderes mehr. Der gemeinsame Verteidiger plädierte vor Gericht vor allem darauf, die Absicht der drei Männer, dem Willen des Verstorbenen zu entsprechen und ihn, in der von ihm selbst gewählten Abgeschiedenheit, ruhen zu lassen, als strafmildernd zu gewichten. Das Gericht folgte weitgehend dieser Auffassung. Das Strafgericht hielt den dreien auch zugute, dass sie, nach Bekanntwerden der Sache, eng mit den Behörden zusammengearbeitet hatten. – Sie hätten ja auch das Ganze als Dorfgeschwätz und Hirngespinst abtun können. Wie hätte man ohne Flury und Burger den Toten im Heiterwald je finden sollen? – So kamen die letzten beiden mit einer eher bescheidenen Busse weg, während dem Landjäger zusätzlich noch eine scharfe Verwarnung ins Haus flatterte. Mehr als all dies, ärgerte den Landjäger im Jahre darauf die Notiz in der örtlichen Fastnachtszeitung:

„Ist er doch ein so flotter Mann,
unser Landjäger Allemann,
auch ganz schön helle,
begräbt die Toten gleich an Ort und Stelle."

Die unsichtbaren Besucher

Es war ein äusserst schwüler Sonntagvormittag im Hochsommer. Die Getreideernte war in vollem Gange. Auch uns stand, nach dem Mittagessen, das Einbringen einiger Fuder Weizengarben bevor. Danach hätten wir dann, bis auf den Hafer, der noch nicht gänzlich ausgereift war, alles im Trockenen gehabt.

Ohne einem bestimmten Gedanken nachzuhängen, schlenderte ich durch den Baumgarten bis hin zum Zaun, der unser Grundstück von demjenigen des Nachbarhauses abtrennte. In diesem, seiner Zweckbestimmung enthobenen, Bauernhaus wohnte der alte Scheurer. Seit vor vielen Jahren seine Frau verstorben und die jüngste Tochter, zufolge einer Heirat vor einer Weile ausgezogen war, lebte er ganz alleine und auf sich gestellt. Früher züchtete Scheurer verschiedenste Kleintiere: Prächtige weisse Riesenkaninchen, Meerschweinchen, Hühner und Enten. Heute lebte nicht einmal mehr eine Katze mit dem Alten im Haushalt. Nachdem er mittlerweile kaum mehr für sich selbst sorgen konnte, war Scheurer nicht in der Lage auch nur ein Tier zu betreuen. Zu weit fortgeschritten war bei dem früher so herzensguten Mann, die Arterienverkalkung, welche ihn zunehmend verwirrter erscheinen liess.

Im Halbschatten eines mittelgrossen Apfelbaumes hielt ich inne, um zu schauen, ob die erfrischend sauren Klara-Äpfel allmählich reif wurden. Eine der weissgelb-grünlichen Früchte brach ich vom Zweige und biss, kurz entschlossen, kräftig hinein. „Einige Sonnentage brauchen sie schon noch", dachte ich; trotzdem schmeckte mir dieser Apfel; wahrscheinlich, weil es der erste der Saison war. – Die Luft um mich war erfüllt von dem Summen der Insekten; irgendwie ein vielstimmiges, ziemlich sanftes Naturkonzert, übertönt von vereinzelt, kurz rufenden, Vogelstimmen. Ganz weit weg, kaum hörbar, ein Kirchengeläut. Die Luft stand sozusagen still. Kein Blatt und kein Halm schienen sich zu bewegen. Die Quecksilbersäule dürfte die 25°-Marke bereits hinter sich gelassen haben: Am etwas milchig-blauen Himmel gab es, gegen Südwesten, einige Föhnwolken.

Obschon ich für meine Umgebung und deren Einwirkungen offen war, hatte ich nicht bemerkt, dass ganz in meiner Nähe der alte Scheurer auf seiner Seite an den Zaun herangetreten war und sich an diesem festgehalten hatte. So hatte ich mich beinahe erschrocken, als er mit seiner rauchigen und nicht eben lauten Stimme herausstiess: „Morgen!" –„Guten Tag, Herr Scheurer", erwiderte ich in fast verlegenem Ton und fuhr fort: „Heiss, ja schwül, bereits heute in der Früh. Es könnte heute krachen, bevor es Abend wird." Der Alte ging nicht auf meine meteorologischen Weisheiten ein.

Er sah mich auch nicht an, sondern schaute unentwegt, von ihm aus gesehen, nach links – Richtung Osten, ins schmale, sanfte, auf beiden Seiten von Waldungen gesäumte Tal. Dort zogen sich die Schatten allmählich von sattgrünen Wiesen und fahlgelben Stoppelfeldern zurück. Der abgemagerte alte Mann, mit seinem farblosen, faltigen Gesicht, machte jetzt eine unsichere Geste. Mit zittriger Hand nach Osten weisend, sagte er: „Sie kommen alle, ja, ja, heute kommen sie." Dabei schaute er mir ganz kurz, mit grossen Augen, ins Gesicht. Danach schwenkte sein Blick sofort wieder in die vorherige Richtung zurück, so, als wollte er ja nichts verpassen, was sich dort im Osten tun könnte. „Kann mir nicht vorstellen, was dort hinten, wo sich Fuchs und Hase gute Nacht sagen, Aufregendes oder auch nur Bemerkenswertes passieren könnte", dachte ich, und richtete an meinen Gesprächspartner die fragende Feststellung: „So, so, Sie erwarten heute Besuch." – „Ja, ja", kam die Antwort unverzüglich. Dabei kehrten die Blicke des alten Mannes wieder zu mir zurück. In seinen dunklen Augen schien eine Spur von Freude aufzuflackern, als er mir jetzt erklärte: „Alle kommen sie heute, unsere acht Kinder mit Anhang und Enkeln. Sogar Trudi kommt mit ihrer Familie aus der Ostschweiz. Sie kommen alle von der Stadt her, zu Fuss durch den Wald und über den Seusetpfad. Ich muss gehen und schauen, ob Frieda schon mit Kochen begonnen hat." Nach diesen Worten schlurfte er, ohne sich zu verabschieden, schwankend ins Haus zurück. Er liess mich mit, vor Erstaunen, halb offenem Mund zurück. Ich setzte mich daraufhin im Schatten des Apfelbaumes nieder und lehnte mich mit dem Rücken gegen seinen Stamm. Vieles, sehr vieles ging mir nun durch den Kopf. – Frieda, die am heutigen Sonntag für so eine grosse Gästeschar kochen sollte, war Paul Scheurers Frau; allerdings war sie schon seit über zehn Jahren tot.

Frieda Scheurer hatte böse von dieser Welt gehen müssen, sie starb an Speiseröhrenkrebs. – Aber auch Ruth, Scheurers jüngste Tochter, sah ich nun in Gedanken vor mir. Obschon sie viele Jahre älter als ich war, besuchte ich sie als kleiner Junge oft und gern. Sie machte allerlei Blödsinn, spielte mit mir Verstecken und erzählte viele lustige Geschichten. Obwohl sie nicht besonders früh geheiratet hatte, war sie mittlerweile fast drei Jahre unter der Haube und hatte ein Töchterlein. – Im Übrigen wurde der Seusetpfad seit Jahren nicht mehr begangen, und es entzog sich meiner Kenntnis, ob dieses Fusswegrecht bei der letzten Flurbereinigung überhaupt noch irgendwo eingetragen wurde. Die Grundstücksgrenzen, an denen der Pfad vorbeiführte, verliefen heute ganz anders, als damals, wo ich als „Dreikäsehoch" mit meinen Eltern und Geschwistern zu den damals schon eher seltenen Benutzern dieses Flurwegleins zählte. Zu Vaters Jugendzeit war der Seusetpfad noch eine beliebte und die kürzeste Verbindung, wenn man zu Fuss in die ungefähr sieben Kilometer entfernte Stadt gelangen wollte. – Schliesslich erhob ich mich und kehrte in unser Haus zurück. Das Mittagessen sollte heute sehr früh aufgetragen werden, damit wir uns rechtzeitig zum Ernteeinsatz bereithalten konnten.

Bei einem, dem Sommerwetter angepassten, Mittagessen berichtete ich dann: „Jetzt ist der alte Scheurer wirklich gar nicht mehr gut im Kopfe. Erklärte er mir doch, seine Frau würde heute für die ganze Grossfamilie kochen, die zu Besuch komme." Mutter bestätigte, dass sie in den letzten Tagen ähnliche Feststellungen gemacht habe und schickte meine Schwester los, Paul Scheurer an unseren Tisch zu bitten. Doch die Beauftragte kehrte unverrichteter Dinge zurück. Sie teilte seine Absage mit, die auf der eingebildeten Erwartung eines Besuches basierte. „Ich werde es am Abend selbst versuchen, ihn zu uns an den Tisch zu bekommen; schliesslich sollte der Alte doch wieder mal richtig essen", erklärte die Mutter.

Beim nachfolgenden Einfahren des Weizens gaben alle ihr Äussersterstes. Ich vergass das Nachbarhaus, samt dem verwirrten Alten. So kamen wir flott voran. Bereits gegen halb sechs Uhr war die letzte Garbe, unter dem schützenden Dach der grossen Scheune, aufgestapelt. Ein unglaubliches Gefühl der Genugtuung erfasste uns dabei. „So, unserem Getreide kann nun kein Gewitter mehr was anhaben", meinte ich gegenüber dem Grossvater; denn inzwischen war die Sonne hinter einem gräulichen Schleier verschwunden, und fast ringsum türmten sich bereits dunkle Haufenwolken, aus denen erstes Donnergrollen zu hören war. „Deine Meinung stimmt grundsätzlich schon", erklärte Grossvater. „Doch hast du vergessen, wie im vorletzten Sommer, während eines harmlos scheinenden Gewitterchens, ein Blitz den Hof der Zubers, im Nachbardorf, eingeäschert hat?"

Da ich diesen Sonntag keinen Stalldienst hatte, begab ich mich zum Brunnen, um mich mit dem herrlich kalten Wasser zu waschen und zu erfrischen. Hernach spazierte ich nochmals gemütlich zum Klara-Apfelbaum. Bevor ich einen geeigneten Apfel ergreifen konnte, gewahr ich den Alten, wiederum am Zaun stehend und gegen Osten blickend. Er erweckte jetzt einen noch weitaus gebrechlicheren Eindruck und sein Antlitz erschien kreidebleich. Ehe ich ihn ansprechen konnte, sagte er, indem er sich vorsichtig und wankend vom Zaun entfernte, als würde er auf jemanden zugehen: „Da kommt einer, ein Mäder mit geschulterter Sense, der will zu mir. Ich muss ihn ins Haus bitten." Darauf ging er schleppend, und gleichsam hastig wirkend, ins Haus zurück. Mir lief ein kalter Schauer über den Rücken, trotz gewittrig-schwüler Sommerhitze. Nun eilte ich suchend nach der Mutter, die in unserem Garten, ganz auf der anderen Seite, Salat für das Nachtessen schnitt. Ich berichtete ihr, was ich eben gesehen hatte und wir liefen gemeinsam ins Nachbarhaus. Dort fanden wir Paul Scheurer in der Stube, neben dem Sofa liegend. Er war bereits tot.

In der Nacht darauf ging auch über unserer Gegend ein äusserst heftiges Gewitter nieder. Aufgrund grosser Müdigkeit, übermannte mich immer wieder der Schlaf, aus dem ich dann durch heftig krachende Donnerschläge aufgeschreckt wurde. Schliesslich schlief ich erneut ein und träumte vom alten Scheurer und seinen unsichtbaren Besuchern.

Die Schöne im Internet

Freitag, verdienter Feierabend, Beginn eines – vor allem auch das Wetter betreffend – tollen Wochenendes. Bela kam eben von der Arbeit nach Hause. Er löste sich allmählich, auch gedanklich, von den Präzisionsplänen, unendlich vielen Zahlen, Vorgaben und so weiter. Ihm half vorerst auch eine erfrischende Dusche, unter der er fröhlich zu pfeifen begann. Danach stärkte sich Bela mit einem sprudelnden Fruchtgetränk aus dem Kühlschrank. „Es bleibt mir ja noch etwas Zeit, bis zum vereinbarten Rendezvous mit Brigitte. – Ja, ja, sie ist ganz schön wählerisch, um nicht zu sagen hartnäckig", dachte der junge Mann beim Durchschreiten seines „kleinen Reiches". Da fiel sein Blick auf die erst kürzlich erstandene, neu installierte Computeranlage. „Ich könnte noch ein Weilchen surfen", sagte er sich, und schon flimmerte der Bildschirm mit dem üblichen Startknistern auf. Er war noch immer masslos fasziniert von seiner neuen Errungenschaft. So, wie ein Kind, über das, am Weihnachtsmorgen gebrachte, Spielzeug. – Bela empfand es als ein erhebendes Gefühl, mit der Maus durch den unendlichen Datenfluss zu „reiten", gleich einem Surfer auf seinem Brett. – Da plötzlich hatte er das Bild einer wunderschön aussehenden Frau, mit tiefblauen Augen und langem blondem Haar, auf dem Monitor.

Beim Anblick dieses Gesichts fiel ihm eine Arie aus der „Zauberflöte", der einzigen Oper, die er kannte, ein. „In Tat und Wahrheit", hauchte er vor sich hin, „dies Bildnis ist bezaubernd schön ..." Irgendwie ferngesteuert, klickte er sich ein. Nun erschien eine noch überwältigendere Aufnahme der Hübschen, und es stand dazu die Frage: „Hallo, wer da?" Fast roboterhaft tippte Bela seinen Namen ein. Bis eine Antwort erschien, ging ihm durch den Kopf: „Brigitte ist ja wirklich nicht ohne, aber dieses Mädchen da sieht wirklich umwerfend und auch sympathisch aus. Brigitte soll sich nur noch

lange zieren, dann ..." Die Antwort stand mittlerweile auf dem Bildschirm, und es kam zum Zwiegespräch:

„Hallo! Bela, das ist wirklich ein schöner, aber wohl seltener Name.
– Ich heisse übrigens Tina." – „Ja, Bela ist ungarisch. Meine Eltern
sind 1956 als Jugendliche mit ihren Eltern aus Ungarn geflüchtet und
in die Schweiz gekommen." – „Da bist du ja echt ungarisch, wau!
Paprika! Hast du womöglich noch Zigeunerblut in den Adern?" –
„Wer weiss, vielleicht." – „Mein Bild siehst du. Hast auch eine gute
Aufnahme von dir an Lager?" – „Nein, leider nicht, muss dir mich
eben kurz beschreiben: Sportlicher Typ, dunkle Augen, schwarzes,
etwas gelocktes Haar, 1,75 Meter gross." – „Oh, ganz schön gross.
Welche Sportarten?" – „Tennis, Schwimmen, Joggen, früher etwas
Judo." Obschon diese Unterhaltung eher etwas irreal empfunden
werden konnte, vergass Bela trotzdem nicht Zeit und Raum.

Brigitte schlenderte gemütlich zum vereinbarten Treffpunkt, der
Bank unter den Bäumen, gleich gegenüber des Denkmals im Park.
„Bin eindeutig zu früh, macht aber nichts. Falls Bela dermassen
Sehnsucht nach mir hat, wie er stets beteuert, kommt er ebenfalls
vorzeitig", überlegte sie. Bevor sie sich hingesetzt hatte, hielt sie
noch rundum Ausschau, ob ihr „Adonis" nicht bereits aufgetaucht
war. Die Sonne hatte sich schon hinter die Bäume zurückgezogen.
Sie spiegelte sich lediglich golden in einer Glasfront, eines weit
entfernten Hochhauses. Brigitte schlug die Beine übereinander,
zog ein Buch aus ihrer Tasche und wollte sich mit Lesen die Zeit
des Wartens vertreiben. – Höchst angenehm war es hier. Es duftete köstlich nach Lindenblüten. Der laue Abendwind spielte sanft
mit ihrem knapp schulterlangen, schwarzen Haar und dem weiten
Saum der weissen Sommerhose, über dem eleganten Schuh. Obwohl das Buch spannend war, unterbrach sie ihre Lektüre immer
wieder und späht nach Bela. – Da plötzlich, als sie wieder mal auf-
schaute, erblickte sie wenige Meter vor sich einen ungepflegten, ja

gar schmuddelig aussehenden, fremden Mann, der sie mit stechenden Augen und lüsternem Blick anstarrte. „Mensch, der zieht mich gleich hier, an Ort und Stelle, mit blossen Augen aus! Besser, ich verschwinde", dachte sie, klappte ihr Buch zu, verstaute es hastig, schnellte entschlossen hoch, warf dem Kerl einen raschen, beinahe tödlichen Blick entgegen, erhob stolz den Kopf und ging strammen Schrittes zur Strassenbahnhaltestelle. Auf dem ganzen Weg drehte sie sich nie um; erst an der Station, wo einige Leute warteten, angelangt, blickte sie kurz zurück und stellt fest, dass niemand zu sehen war. Sie wartete noch zwei Tramzüge in jede Richtung ab, dann wurde sie allmählich ungehalten. „Auch wenn Bela, zugegebenermassen, ein toll aussehender Typ ist, brauche ich mich von ihm nicht verschaukeln zu lassen", grollte sie in sich hinein und war nun fest entschlossen, mit der nächsten Bahn nach Hause zu fahren. Dann überlegte sie, dass Bela sie vielleicht mit dem Auto abholen wollte und ihm eine Panne dazwischen gekommen sein könnte.

Äusserst vorsichtig, stets nach dem unheimlichen Fremden Ausschau haltend, kehrte sie in den Park, zur besagten Bank, zurück. Sie konnte sich getrost wieder hinsetzen, sass doch auf der benachbarten Bank ein Paar. Es unterhielt sich in sehr angenehmem Ton und derer beider Kinder kurvten auf ihren Rädern im Areal herum. Bevor Brigitte wieder mit Lesen begann, dachte sie: „Falls Bela tatsächlich noch kommt, wir einen netten Abend verbringen, und alles in Ordnung ist, würde ich, auf die zur späten Stunde gestellte Frage ‚zu mir oder zu dir‘ nicht mehr mit ‚du zu dir und ich zu mir‘ antworten."

Bela und Tina hatten sich mittlerweile via Internet über alles Mögliche unterhalten. Popmusik, Kunst, Reisen, andere Länder und so weiter. Nun schrieb sie erneut: „Ich bin wirklich sehr gespannt, wie du aussiehst. Bist du, wie ich dich einschätze, ein echt männlicher Typ?" Bela war leicht irritiert ob der letzten Frage. Kurz und bündig gab er zur Antwort: „Ja klar, was denn sonst? Bestimmt kein Softy!" – „Schon gut, meine Liebe, nun wollen wir die Adressen tauschen, damit wir uns bald mal treffen können", kam es prompt zurück. – Als Bela das las, fiel ihm beinah die Maus aus der Hand, doch er tippte hektisch den Satz ein: „Damit alles völlig klar ist, Bela ist ein Männername, das sollte doch bekannt sein!" – Die Antwort liess diesmal auf sich warten und lautete schliesslich wie folgt: „Tut mir Leid, mein Guter, dachte tatsächlich, Bela sei ein Mädchenname. Hast du beim ersten Bild den Hinweis ‚Lady sucht Lady' nicht gesehen? Es ist halt mal so, mit Männern habe ich nichts am Hut, bedauere, also tschüs!" – Für einen Augenblick sass Bela wie versteinert da, fuhr den Computer herunter und schaute endlich auf die Uhr. „Verdammt", rief er aus, als er sah, wie spät es war, schoss er hoch und meinte: „Diese doofe Ziege hat mir womöglich noch meine Verabredung mit Brigitte vermasselt!" Hastig raffte er seine Sachen zusammen, stürzte in den Fahrstuhl und eilte in die Garage. „Himmel Donnerwetter!" Der sportliche Wagen wollte und wollte einfach nicht anspringen. Schliesslich lief er weiter fluchend zur Strassenbahn. Wenigstens die kam sogleich.

Im Park wurde es schon langsam dämmerig, und das Tageslicht reichte kaum mehr zum Lesen. Brigitte schlug das Buch mit den Worten zu: „So, nun ist meine Geduld am Ende." Enttäuscht ging sie zur Tram zurück und fuhr nach Hause. Als sie an ihrer Haltestelle ausstieg, kam ihr auf dem Gehsteig, welcher Zufall, Bob vorbei. Mit seinem gewinnenden Strahlen schaute er ihr entgegen und rief: „Hallo, das gibt es ja nicht! Hast Du was vor? Falls nicht, könnten wir doch miteinander ausgehen." Sie nickte ihm lächelnd zu, gab ihm ein Küsschen auf die Wange, hing sich bei ihm ein, und sie gingen gemeinsam von dannen. – Viele Stunden später glückselig in Bobs Armen dachte sie: „Ich glaube, das Schicksal hat es gut mit mir gemeint."

Bela tigerte vorerst nervös im Park umher, bis er einsehen musste, dass es nichts mehr brachte. Mit hängenden Ohren begab er sich ins Stadtzentrum zurück und sucht die Bar auf, in der er auch schon mit Brigitte war. Selbstverständlich traf er sie hier nicht. Nach einem Bier und einigen Whiskys war ihm allmählich alles egal. Ein Mann auf dem benachbarten Barhocker, der ihn offensichtlich durchschaut hatte, lallte ihm zu: „Mach dir nichts daraus, so gar manch andere Mutter hat ebenfalls ein schönes Kind."

Einsam auf einer kleinen Insel

Es war Sonntag, nach dem Mittagessen, als ich durchs Küchenfenster nach draussen schaute; in Richtung des am Hause vorbeifliessenden Baches. Am gegenüberliegenden Ufer ragten hohe Eschen kahl in den düsteren, grauen Himmel. An den dazwischen stehenden Haselsträuchern wogten sich noch vereinzelte bräunlich-gelbe Blätter im sanften Wind. Weiter weg hoben sich einige schwarzgrüne Fichten vom, durch die typische Novemberstimmung geprägten, Bilde ab. Bei schönem Wetter, oder bei sehr hohem Gewölk, bildete, über diesen Wipfeln, der obere Rand der Stallfluh den Horizont. Heute schien dieser über 1400 Meter hohe Bergrücken nicht vorhanden zu sein. Langsam, etwas unentschlossen, wendete ich mich vom Fenster ab und fragte meine Eltern, die sich gerade für einen Anlass im Dorf vorbereiteten: „Scheint wohl oben auf der Stallfluh oder auf der Hasenmatt die Sonne? Dieses seit Wochen nunmehr andauernde Grau schlägt mir langsam aufs Gemüt!" Mutter und Vater zeigten sich, aufgrund des eben vernommenen Wetterberichtes, der seit vielen Tagen gleich lautete, eher skeptisch. „Nebelobergrenze 1300 bis 1500 Meter! Da bleibt eine gewisse Chance; ich wage es", erklärte ich fest entschlossen und holte mir unverzüglich Wanderschuhe und Windjacke hervor. Als meine Schäferhündin Lotte dies bemerkte, begann sie zu kläffen, jaulte vor Freude und rannte aufgeregt umher; auch mein bestätigendes Zureden, dass sie ja mitgehen werde, nützte nichts.

Strammen Schrittes strebte ich nun dem Bergwald zu, während Lotte ein Stück – noch gut in Sichtweite – voraus trabte. Sie konnte bedenkenlos ohne Leine laufen, denn ihr Gehorsam war so vollkommen, dass sie kein plötzlich aufkreuzendes Wild verfolgen würde. Bald verliessen wir die Bergstrasse und nahmen einen schmalen, steilen Pfad hoch in den Wald. Dieser war vorerst überwiegend mit

Tannen, dann weiter oben mit vielen Buchen und anderem Geäst, der jetzt kahlen Laubbäume, durchsetzt. Auf der Höhe der Lochbachschlucht begann es etwas, infolge der Nässe, durch den immer dichter werdenden Nebel, von den Bäumen zu tropfen. Auf dem Strässchen durch die Schlucht konnte man die gegenüber liegende, senkrechte Felswand, durch den stets satter werdenden Nebel, kaum mehr erkennen. Nach gut einstündigem Fussmarsch führte uns der Weg am Berggasthaus ‚Schauenburg' vorbei, das plötzlich, zu unserer Linken, gespenstisch aus dem Nebel auftauchte. Die Hündin ging schnurstracks auf den Eingang zu, doch ich rief ihr zu: „Fuss! Jetzt wollen wir keine Zeit verlieren; auf jetzt zum Rückweg!" Nun entschied ich mich für eine Abkürzung: Ein äusserst steiler Pfad die Müren hoch. Jetzt war ich richtiggehend vom Nebel eingehüllt und musste, Schritt für Schritt, auf den Weg achten. Natürlich war weder die hohe, schroffe Westwand der Hasenmatt zu meiner Rechten, noch die auf der linken Seite gelegene, hier etwas harmloser ansteigende, Stallfluh zu sehen. Oben auf der Passhöhe der Müren kam es mir vor, als befände ich mich in einer, mich begleitenden, Milchglasglocke. Ich konnte den Boden nur noch wenige Meter um mich herum erkennen. Dafür wurde der Nebel zusehends heller. Ich musste hier sehr gut aufpassen, damit ich den nach rechts abzweigenden Wanderweg, der auf der Nordseite die Hasenmatt hinauf führte, nicht verpasste. Nach wenigen Minuten Aufstieg, wo der zum Teil aus Stufen bestehende Pfad noch für ein kurzes Stück durch einen eher kleinwüchsigen Wald führte, sah ich plötzlich über meinem Kopf das Blau des Himmels durch den Nebel hindurchschimmern. Richtung Südwesten war die Sonne als verschwommener weisser Punkt auszumachen. Nur noch wenige Stufen und ich stand gänzlich im Sonnenlicht, dessen wärmende Strahlen meinen durch die Anstrengung erhitzten Körper noch zusätzlich erwärmten. Über mir wölbte sich ein stahlblauer Himmel. Rasch und zielstrebig brachte ich auch die letzten Höhenmeter hinter mich. Ich warf meine Jacke auf die Steinplatten am höchsten

70

Punkt dieses Berges und setzte mich, mit einem unbeschreiblichen Hochgefühl der Genugtuung, nieder. Nun begann ich den prächtigen Ausblick, der sich hier oben bot, in vollen Zügen zu geniessen.

Mir zu Füssen dehnte sich, ein im grellen Sonnenlicht glänzendes, fast glattes, nur durch wenige sanfte Wellen durchzogenes, schneeweisses Nebelmeer aus. Am südlichen Horizont sah ich, durch die nun glasklare Luft, das gesamte Alpenpanorama. Nach geraumer Zeit, nachdem ich mich an den Schneebergen satt gesehen hatte, wandte ich mich über Westen nach Norden hin und stellte überrascht fest, dass ich wie auf einer kleinen Insel sass. Im Westen lag eine lang gezogene und sehr schmale Nachbarinsel, die Stallfluh, daran westlich schloss sich die Wandfluh und der Obere Grenchenberg an. Zwischen meiner Insel und der im Westen gelegenen, gab es, schmalen Meeresstreifen gleich, die Müren, durch deren weissgraue Wogen ich hier heraufgestiegen bin. Auch gegen Nordwesten und Norden hin, lag ein fast unendlich weisses Meer. Linker Hand, am Horizont, waren die Vogesen und leicht rechts die höchsten Schwarzwaldgipfel auszumachen.

Ich teilte einen riesengrossen Apfel mit der, an meiner Seite sitzenden, Hündin, die ebenfalls das wärmende Sonnenlicht genoss. Ich liess die einmalige Stimmung auf mich einwirken. Nachdem ich nun das Gefühl hatte, die grosse Stille hier sei vollkommen, gewahrte ich nach und nach, dass aus dem Nebel, kaum hörbar, verschiedenste Geräusche aus den weissen Fluten herauf drangen: Es war das pulsieren der modernen Zivilisation. Ich vernahm, gerade noch erkennbar, das Rauschen des Strassenverkehrs, eine sacht ertönende Autohupe, das Bimmeln der Bahn, den stählernen Ton eines Hochgeschwindigkeitszuges, den Glockenschlag einer Turmuhr. Ich schaute auf die Uhr und sah, dass es wohl eben im Tal vier Uhr geschlagen haben musste. Für ein Weilchen schloss ich die Augen und versuchte, mir vorzustellen, was da gerade rund 1000 Meter unter mir, „auf dem Meeresgrund" ablaufen mag.

In zahlreichen Cafés und Kneipen sassen die Leute, sich nett oder heftig unterhaltend, teilweise Karten spielend, an den Tischen. Sie liessen sich von Musik berieseln oder hörten sich – mehr oder weniger aufmerksam – eine Sportreportage an. In irgendeinem Kino sass jetzt wohl ein junges Liebespärchen, Händchen haltend und liess sich von einer, mehr oder weniger spannenden Geschichte, unterhalten oder langweilen. In gemütlichen Stuben genossen fleissige Hausfrauen alleine oder mit Gästen Kaffee und Kuchen. Irgendwo in einem Spital schaute ein Patient traurig seinem, ihn eben verlassenden, Besucher nach, der ihm aber beim Gehen noch Mut und Trost zugesprochen hatte. Derweilen bestaunten, auf der Entbindungsstation derselben Klinik, eine glückselige Mutter – noch etwas geschwächt – und ein stolzer Vater – durch das freudige Ereignis leicht mitgenommen – ihr Erstgeborenes. Während sich dies alles und noch viel, viel mehr, mit grosser Wahrscheinlichkeit zugetragen haben mag, sass ich hier, zwischen Himmel und Erde, auf einer Art kleinen, einsamen Insel.

Im Osten war mittlerweile der zunehmende Mond aufgegangen und machte die Umgebung noch märchenhafter. Indes näherte sich die Sonne doch schon dem westlichen Horizont. Ein letztes Mal prägte ich mir dieses faszinierende Panorama ein. Während ich mich ziemlich widerwillig erhob sagte ich zu meiner vierbeinigen Begleiterin: „Leider, leider müssen wir, sonst wird es dunkel, bevor wir die Schauenburg erreicht haben." Zügigen Schrittes stiegen wir abwärts. Bald roch ich den Nebel und gleich darauf umgaben mich schon seine ersten, dünnen, sich aber rasch verdichtenden Schleier. Schnell hatten mich die, durch das Weichen des Sonnenlichts, langsam dunkler werdenden „Meereswogen" gänzlich verschluckt.

Aufklärung früher

Als ich noch ein Kind war, mass man, vor allem auf dem Lande, der Aufklärung über das Sexualverhalten von Mensch und Tier keine grosse Bedeutung bei. Weder Eltern noch Lehrer waren hierfür Ansprechpartner. Lediglich der Pfarrer gab uns im Religionsunterricht, gegen Ende Schulzeit, einige sehr ermahnende Worte, zu diesem Thema, mit auf den Lebensweg. Da der normale Sprachgebrauch weitestgehend diesen Lebensbereich ausschloss, stellte man sich allenthalben auf den Standpunkt, die uns umgebende Natur – Pflanzen und vor allem Tierwelt – biete genügend Anschauungsmaterial, um, nach und nach, auf gewisse Fragen selbst Antworten zu finden. Erfahrungsgemäss hatte das immer schon irgendwie funktioniert.

So erinnere ich mich recht gut, wie ich schon in frühester Kindheit – also bevor ich eingeschult wurde – zugeschaut hatte, wie Kälbchen, Zicklein, Lämmchen und andere geboren wurden. Was jedoch geschehen musste, damit eben diese niedlichen Wesen im Leibe eines Muttertieres zu wachsen begannen, wurde kaum beantwortet. Es hiess lediglich: Die Kuh führe man zum Stier, die Geiss würde zum Bock „zugelassen", die Kaninchen musste man „decken" und so weiter. Sollte, zum Beispiel, ein Stück Vieh zur Bahnstation oder ins Schlachthaus gebracht werden, war ich keineswegs noch zu klein, um dasselbe, allenfalls mit einem Stecken, etwas anzutreiben. Doch ging es mit einer Kuh zum Stier, musste ich zu Hause bleiben.

So machte ich recht grosse Augen, und der Mund blieb mir offen stehen, als in der ersten Klasse, ein etwas kräftig gewachsener Schulkamerad, namens Peter, vor der ganzen Klasse die Lehrerin fragte, ob er eine Stunde früher nach Haus dürfte, damit er, auf Geheiss des Vaters, mit einer Kuh nach Altreu zum Stier könne.

Die Lehrerin war sichtlich erstaunt, wenn nicht gar verlegen. Da sie wusste, dass Peter auf einem kleineren Anwesen, etwas abseits des Dorfes zu Hause war und sein Vater um diese Zeit noch als Holzfäller im Wald tätig war, willigte sie ein. Peter konnte somit möglichst noch bei Tage von diesem rund zweistündigen „Ausflug" zurück sein. Da mein Vater mir schon erzählt hatte, wie gefährlich ein solcher Gang sein könnte, war die Achtung, ja fast Bewunderung für Peter riesig.

Einige Zeit danach, wahrscheinlich an einem Wochenende, trat ich vor das Haus. Im Nachbarhaus gegenüber wohnte der alte Schreiber, ein sehr sympathischer, ja liebenswürdiger Mann. Er arbeitete als Schalenmacher in der Uhrenindustrie, hatte aber, wie er zu sagen pflegte, eine „Krankheit" und ein Steckenpferd. Die Krankheit war der Viehhandel, dem er in seiner Freizeit leidenschaftlich frönte. Das Hobby waren seine wunderschönen, weissen Riesen-Kanin-

chen. An diesem Morgen sah ich nun den alten Schreiber bei seinen Kaninchenställen hantieren und eben gesellte sich sein Kamerad Josef vom Hause weiter oben zu ihm. „Da musste ich mal schauen gehen", dachte ich und trabte eilends hinüber. Sehr gerne und oft war ich bei diesen beiden älteren Herren, welche mich nun auch sehr freundlich willkommen hiessen. Einmal mehr bestaunte ich die prächtigen, schneeweissen Tiere mit ihren weinroten Augen. Schreiber hatte ihre Ställe eben ausgemistet und die Kaninchen beschnupperten genüsslich das frische, goldgelbe Stroh. In einem Stall war ein weibliches Tier, eine sogenannte Zibbe, mit fünf, beinahe faustgrossen, Jungen. Nebst einigen Einzeltieren war in der untersten Box der „Rammler", gute 6,5 Kilogramm schwer, mit grossen Löffeln. Schreiber meinte: „Ich muss dafür schauen, dass es noch mehr Junge gibt" und an mich gerichtet: „Du hast doch auch Kaninchen, wenn es auch nur Bastarde sind, könnten wir doch, wenn ich genügend Nachwuchs habe, ein reinrassiges Weibchen gegen eines deiner Tiere tauschen." Mit diesem Vorschlag war ich natürlich freudigen Herzens einverstanden. „Diese Zibbe hier will ich zu decken versuchen", sagte Schreiber und packte es mit der einen Hand sanft bei den Löffeln, mit der anderen griff er unter den Bauch und trug das Tier behende ins Abteil des Rammlers. Sogleich begann eine wilde Raserei rings um die Innenwände des Abteils entlang. Schliesslich konnte der Rammler die Zibbe in einer Ecke einholen und besteigen. Nach einigen ruckartigen, äusserst schnellen Bewegungen, fiel der Bock matt und mit einem Schnäuzen zur Seite. „Sehr gut!" war der Kommentar des Züchters, und auf gleiche Weise, wie er das Weibchen hingebracht hatte, setzte er es wieder in ihren Käfig zurück. Also, so geht das, dachte ich für mich und schlenderte später, noch diesen Gedanken nachhängend, ums Haus.

Wenige Tage zuvor war ich zusammen mit meiner Mutter im Spital. Wir besuchten ihre Freundin, die ein Töchterlein geboren hatte. So erfuhr ich, dass die Menschen ähnlich zur Welt kommen würden wie die Tiere. Unmittelbar schoss mir der Gedanke durch den Kopf, ob es wohl bei den Menschen auch so seltsam komisch zugehen würde wie bei den Kaninchen. Sogleich aber wies ich diesen Gedanken weit, weit von mir. „Nein, um Gottes Willen", überlegte ich und dachte weiter, was wohl der Herr Pfarrer dazu sagen würde, wenn er von meinen Überlegungen wüsste. Schliesslich seien wir ja keine Tiere und ein Unterschied müsse sein. Auf diese Weise tat ich vorerst dieses Thema ab. Beim Mittagessen berichtete ich dann freudig von dem tollen Angebot, das mir der alte Schreiber gemacht hatte. Ich fügte hinzu, dass ich bald einmal den Tausch vornehmen könne, denn ich hätte gleich zugeschaut, wie ein Tier gedeckt wurde. „So, hast du", meinte Mutter und der Vater war mit mir einig, dass ich da keinen schlechten Handel eingehen würde. Ohne weiteren Kommentar war es plötzlich fast selbstverständlich, dass ich, wenn Vater keine Zeit hatte, mit den Kühen zum Stier musste, welcher auf dem lediglich ungefähr 400 Meter entfernten Seusethof stand. Auch meine Ziegen musste ich künftig selbst ins Dorf zum stinkenden Bock führen.

Zu dieser Zeit, zog aus dem Dorf eine Familie mit vier Kindern in unseren Weiler herauf, in ein Nachbarhaus. Der ältere Sohn war ein Jahr älter als ich, und ich konnte bald unschwer feststellen, dass er recht lebhaft, aufgeweckt und aktiv war. Er hiess Lukas und brachte neue Ideen in unseren kleinen Freundeskreis, in welchen wir ihn sogleich aufnahmen. Er zeigte uns, wie man von Hand die Forellen im Bach fing, wie mit beim Scheibenstand gesammeltes Blei, das über einem Feuer aus den Stahlumhüllungen gegossen werden musste, etwas Geld verdient werden konnte. Luki, wie wir ihn nannten, interessierte sich hingegen seinerseits für die Kaninchenzucht. Als er mal dabei war, wie ich eine Zibbe zum Rammler brachte, machte er einige Bemerkungen, die sogleich die Frage aufkommen liessen, wie es eigentlich zum menschlichen Nachwuchs komme. „Wenn's einer weiss, dann ist's Luki", dachte ich und wurde konkret. Luki lachte laut: „Natürlich ist dies bei den Menschen ebenso, was denn sonst soll das Kinderkriegen auslösen." Er ging noch etwas in die Details und gab noch gleich ein paar Zoten zum Besten.

Nun wusste ich Bescheid. Ich begann gleich, die Leute in brave, schlimmere oder ganz schlimme, je nach dem, wie viele Kinder sie hatten, einzuteilen. Meine Eltern kamen mit drei noch gut weg, aber die Eltern meines Schulkameraden Max, mit dreizehn Kindern, hatten es, meiner Meinung nach, ganz dick hinter den Ohren. Nicht ganz verstehen konnte ich hingegen, dass die kinderlosen Tante Bertha und Onkel Emil, derart heilig sein sollten, da sie gar nicht danach aussahen.

Anlässlich einer Familienfeier gab ich, zu etwas späterer Stunde, keck die von Luki gehörten Zoten zum Besten. Ausser meiner Mutter hatte man allenthalben gelacht. Sie fand es weniger lustig und nahm mich anderntags ins Gebet, indem sie wissen wollte, woher ich solcherlei Dinge habe. Um die richtige Antwort zu bekommen, sprach Mutter in einem freundlichen und verständnisvollen Ton, worauf ich prompt einging. Die Folge davon war, dass meine Mutter die Mutter von Luki auf einen gewissen „unguten" Einfluss, den ihr Sohn auf seine Kameraden ausübe, aufmerksam machte. Lukis Mutter, auf ein gutes Einvernehmen mit ihren neuen Nachbarn bedacht, reagierte entsprechend hart, und so bekam Luki als Lohn für seine Aufklärungsbemühungen eine Tracht Prügel. Diese Geschichte hält mir Luki mit Recht heute noch unter die Nase. Aber schliesslich wurden meine Aufklärungslücken wohl gerade noch rechtzeitig geschlossen. Im Alter dachte ich zuweilen: „Wenn die Kaninchen heute einen einschlägigen Videofilm ansehen könnten, würden sie vielleicht auch entsetzt denken: ‚So was könnten wir uns von unseren Artgenossen nicht vorstellen, denn schliesslich sind wir ja Tiere und keine Menschen'."

Das Gespenst auf der „Bütze"

Selzach mit Jura

Zu Beginn und bis über die Mitte des 20. Jahrhunderts galten die Berggasthöfe des Solothurner Juras für viele Leute als die beliebtesten und vielleicht auch einzigsten Ausflugsziele. Im auslaufenden Jahrhundert waren sie zwar auch noch sehr gefragt, doch erreichte man sie, zum grösseren Teil, im oder auf dem motorisierten Untersatz. Eine Ausnahme bildeten die – inzwischen oft verärgerten – Wanderer und die Mountainbiker. Früher liebte man steile Pfade, möglichst direkte Wege und beschritt diese selbstverständlich nur auf Schusters Rappen. Ein solcher, geführter Felsenpfad, führte vom Jurasüdfuss über den Bettlachberg, durch das sogenannte Engloch, hinauf auf die Wandfluh und schliesslich zu den Grenchenbergen. Für den Rückweg bei Dunkelheit, oder, falls man sonst nicht mehr ganz sicher auf den Beinen war, nahmen die Leute lieber einen besseren, da nicht so steilen Umweg. Dieser führte durch die „Bütze", einen kleinen Bergbauernhof auf ungefähr 1200 m Höhe.

Auf diesem Anwesen gab es übrigens keine Restauration und die „Bützenbauern" mussten, als Holzfäller oder Wegmacher, noch etwas dazu verdienen.

Es mag wohl einige Jahre vor dem Ersten Weltkrieg gewesen sein, als in der Gegend erzählt wurde, auf der „Bütze" ginge ein Gespenst um. Daher sei es nicht mehr geheuer, den eben beschriebenen Heimweg zu nehmen. Immer wieder wollten Spätheimkehrer dieses Gespenst mit eigenen Augen gesehen haben, folglich mied man den Weg fast vollständig. Eines abends, an einem Wochenende, sass eine vergnügte Runde junger Männer, in der Gaststube des Oberen Grenchenberges, bei einem Glas Wein. Die Sonne verschwand eben am Horizont und im Tal breiteten sich die ersten herbstlichen Nebel aus. Die Wirtin schickte sich eben an, die Petroleumlampe über dem Tisch anzuzünden, als einer in der Runde aufstand und meinte: „Ich will noch talwärts, bevor es ganz dunkel wird." Bis auf zwei, besonders kräftige Schwinger-Typen, folgten alle diesem Beispiel. Die sitzen gebliebenen Burschen lachten und hänselten die im Aufbruch befindlichen, ob sie den lächerlichen Märchengeschichten Glauben schenkten und sich vor dem „Bützengespenst" fürchteten. Es war schon geraume Zeit dunkel, als sich die letzten zwei, die Mutigen also, auf den Weg machten. Schnellen Schrittes zogen sie los und, als sie auf dem mässig abfallenden Pfad zu der Bütze kamen, schwatzten und lachten sie laut. Plötzlich hielt der links Gehende jäh inne und rief dem andern zu: „Schau mal da, links über dem Bord!" Im fahlen, durch leichtes Gewölk gedämpften Mondlicht, war klar eine weisse Gestalt auszumachen, die furchtbare Töne, ja entsetzliches Wehklagen von sich gab. Kurz waren die beiden wie versteinert, doch dann rannten die „Helden", so schnell sie ihre Beine tragen konnten, talwärts. Sie wirkten immer noch äusserst verstört, als sie, zu bereits vorgerückter Stunde, in einer der Dorfkneipen zu Bettlach über das eben Erlebte glaubhaft Bericht erstatteten.

Die Neuigkeit, dass sich auf der Bütze wiederum Unglaubliches zugetragen habe, war bald in aller Munde und wurde, in immer etwas abgeänderter Version, wiedergegeben. So erstaunte es kaum, dass am darauf folgenden Wochenende auch der stärkste Mann kaum Lust verspürte, nachts über die Bütze ins Tal zu steigen. So war die Gaststätte auf dem Grenchenberg, immer wenn es dunkel wurde, leer – bis auf einen Platz. Ein gut gebauter, fremder Mann sass ruhig und entspannt bei seinem „Zweier Seeländer" Weisswein. Die Kellnerin ging etwas ungläubig blickend auf ihn zu und setzte sich zu ihm. – Wer weiss, vielleicht hat sie insgeheim gehofft, er würde über Nacht da bleiben, denn der junge Herr sah recht gut aus. – „Nun hab ich für Sie wirklich Zeit", sagte sie. „Aber diese Gespenstergeschichten rauben uns einen Teil der Existenz, wenn das noch so weitergeht ...!" Die beiden plauderten noch eine Weile angeregt, dann bezahlte der Unbekannte seine Zeche und erkundigte sich noch eingehend nach dem Weg über die Bütze. Nachdem die Maid ihm alles genau beschrieben und sich verabschiedet hatte, sah sie ihm noch nach, bis er, trotz Mondscheins, nicht mehr zu sehen war.

Es war wirklich eine helle Nacht; der Mond stand, fast voll, schon hoch über dem Bettlachstock. Da konnte der späte Wanderer schon das Haus der Bütze ausmachen, und er stimmte laut einen Jodler an. Als er das Gehöft schon fast erreicht hatte, und schliesslich auch sein Lied zu Ende war, was vernahm er da?

Eine Eule? Nein! „Huu-huhu-huu" oder so ähnlich war nicht der Laut eines Kauzes. Nun sah er die weisse Gestalt tatsächlich aus einer Baumgruppe hervortreten und langsam, wie schwebend, auf ihn zugehen. Er blieb einen Augenblick stehen. Das Gespenst flatterte mit seinem Gewand und tönte noch schauriger. Jetzt rannte der fesche Bursche los, jedoch nicht zur Flucht, sondern schnurstracks auf die weisse Gestalt zu. Bevor diese gewahr wurde, wie ihr eigentlich geschah, stand der Held vor ihr, riss ihr mit einem Ruck das umgeschlungene Leintuch vom Leib und liess dieses zu Boden gleiten. – Da stand sie nun spärlich gekleidet, das blonde Haar glänzte im Mondlicht. Es war Gret, die Tochter des Bützenbauern. „So, so", liess nun der Mann vernehmen. „Du bist also das kleine, aber doch so gefürchtete, Gespenst!" Gret schlug beschämt die Augen nieder und versuchte das Ganze damit zu begründen, es sei ja schliesslich oft so „unglaublich langweilig" hier oben. Alle Leute gingen immer nur am Haus vorbei, denn sie hätten eben keine Beize. Ausser harter Arbeit und Langeweile gebe es für sie hier nicht viel. Der junge Mann hatte ein Einsehen, nahm sie in die Arme und, was in jener Nacht, im taufrischen Gras zwischen Herbstzeitlosen, noch geschah, weiss vielleicht der Mann im Mond.

Der Spuk hatte damit sein Ende, die Wanderer konnten wieder, unbehelligt, den von ihnen bevorzugten Weg gehen. Auf den Berggasthöfen brauchte sich niemand mehr um seine Einkünfte Sorgen zu machen. Bald hiess es, die Bützen-Gret heirate irgendwo ins Tal hinter den Bergen. Diese Ehe hielt freilich nicht lange, und Gret heiratete ein zweites Mal und zwar in unser Dorf Selzach. Der „Glückliche" war Albert, ein Bauernsohn, mit dem sie dann zwei Söhne hatte. Den Hof konnten sie hingegen nicht lange halten. Viele Jahre wohnte dann diese Familie in der sogenannten „Öli". Der Name der Liegenschaft rührte daher, dass früher in ihr eine Ölmühle betrieben wurde. Sie befand sich im nördlichen Nachbarhaus, unweit meines Geburtshauses. Die Liegenschaft war sehr alt, jedoch riesengross und bot mehreren Familien Platz. Mein Vater hatte schon wiederholt Grets Gespenstergeschichte zum Besten gegeben. Ich aber kannte Gret erst, als sie schon eine etwas ältere Frau war.

Als verführerisches Gespenst konnte ich mir die Gret nicht recht vorstellen. Vielmehr hätte ich um sie gefürchtet, dass sie ihr Ende auf dem Scheiterhaufen gefunden hätte, würden wir noch im Mittelalter leben. Sie sah wirklich exakt so aus, wie ich mir die Hexen aus den Märchen vorgestellt habe. Grosse und tiefe Augenhöhlen, eine leuchtend rote Hakennase, die sie überall rein steckte, wo sie es lieber hätte bleiben lassen. Sie war von mittlerer Statur und trug stets ziemlich lange Röcke, darüber meist mehrere Schürzen. War eine davon beschmutzt, zog sie einfach eine saubere darüber. Das, meist rote, Kopftuch fehlte nie und um den Hals trug sie ein dunkelblaues Samtband. Ich war wohl bei weitem nicht der einzige, der fand, Gret sehe aus wie eine Hexe. So kam es wohl auch zu dem Spitznamen „Bäsegrit". Ihre Stimme war sehr hoch und Gret sprach sehr hastig. Sie wiederholte jede Aussage, ein oder mehrmals, und hängte an jeden Satz: „Jo, jo – allwä, allwä." Trotzdem habe ich mich vor Gret nie gefürchtet und unsere Familie lebte stets in friedlicher Nachbarschaft. Das war nicht immer selbstverständlich, denn sie fing immer wieder, mit dem einen oder anderen, Streit an. Zwei der heftigsten Streitfälle wurden jedoch, wohl zufälligerweise, auf unserem Grund und Boden ausgetragen.

An einem Sonntagabend, ich hatte eben mit dem Melken der Ziegen begonnen, und Vater hat sich an die erste Kuh setzen wollen, als von draussen lautes Schreien und Hilferufe zu hören waren. Mein Vater eilte ins Freie und da waren zusätzlich heftige Schläge, wie bei einem Boxkampf, deutlich wahrnehmbar. Vater bot sich ein seltsamer Anblick: Gret lag am Grasrand hinter unserem Haus, unmittelbar unterhalb der Strasse. Auf ihr kniete ihr Hausgenosse Josef und drosch mit den Fäusten auf sie ein. Als Josef – sonst einer der friedlichsten Menschen, die ich kannte – meinen Vater bemerkte, liess er von seinem „Opfer" ab, das sogleich schimpfend das Weite suchte.

Er kam mit Vater in den Stall. Als Josef sich etwas beruhigt hatte, berichtete er, was eigentlich vorgefallen war. Er sei mit Albert auf einem Spaziergang gewesen und, als sie sich von Lommiswil her kommend langsam ihrem Zuhause genähert hätten, sei ihnen die Gret entgegengekommen. Die Hände habe sie hinter dem Rücken und zwischen den Fingern eine kleine Haselrute gehabt. Sie sei dann an die Seite ihres „geliebten Gatten" gegangen und hätte beide mit üblen Beschimpfungen überschüttet: „Saufbrüder, Lausbuben, Lumpenhunde", um nur einige zu nennen. Während dieser Schimpftirade hatte sie begonnen, ihrem Mann die Rute um die Ohren zu schlagen. Josef habe sie daraufhin gewarnt, dass es langsam, aber sicher reichen würde. Offenbar vom Teufel getrieben, hatte sie sich dann erlaubt, auch den Josef ins Gesicht zu schlagen.

Als Gret realisiert hatte, dass sie nun zu weit gegangen war, versuchte sie, die Flucht zu ergreifen. Josef hatte sie dann hinter unserem Haus eingeholt, wo sich oben Beschriebenes ereignet hatte. Josef meldete sich in der Folge telefonisch bei der Polizei. Doch der Beamte konnte ihm nur lachend entgegnen, dass sich die Gret auch schon gemeldet habe, worauf er zu ihr bloss entgegnen konnte: „Schade für die Schläge, die daneben gingen." Ein anderes Mal hatte Gret, eine sonst vollkommen friedfertige Nachbarfrau, mit unablässigen Sticheleien soweit gebracht, dass diese die Gret mit dem Teppichklopfer bis in unseren Hausgang verfolgte und ihr, hinter der Tür, die Leviten lies, wobei eine Scheibe der Haustüre in die Brüche ging.

Das Ende der Feldschlange

Es war an einem Fastnacht-Sonntag, Mitte oder Ende Februar, morgens gegen neun Uhr, als ich zum etwa dreissig Meter entfernten Bach schlenderte. Dort wollte ich, nach Beendigung der Arbeiten im Stall, die Stiefel waschen. Dazu sprang ich auf eine kleine Kiesbank am Rande des seichten, lediglich etwa zwanzig Zentimeter tiefen Wasserlaufs. Unterhalb der links befindlichen kleinen Brücke gab es ein wesentlich tieferes Wasserloch, in welchem eine ziemlich grosse Forelle pfeilschnell unter eine Steinplatte flüchtete. Es war sonntäglich ruhig, ja sogar still. Kein Wind wehte, so dass die einzelnen Schneeflocken aus dem grauen, bedeckten Himmel eher langsam zur Erde nieder getanzt kamen und die Umgebung nur zum Teil leicht „bezuckerten". Die Temperatur lag wohl etwas über Null. Oben in den Bergen herrschte noch tiefer Winter, weshalb der Bach wenig Wasser führte. Die frische Luft war eine Wohltat für meinen leicht brummenden Schädel, infolge des vielen Weissweins, der Fastnachtsgaudi und des zu kurzen Schlafes. Rasch hatte ich meine Stiefel vollkommen sauber geschrubbt. Denen, durch mich verursachten Schmutzwölkchen, sah ich nach, wie sie im glasklaren Wasser talwärts wirbelten und sich nach wenigen Metern gänzlich auflösten. So einfach war dies: „Aus den Augen, aus dem Sinn", dachte ich.

Eine schreckliche Entdeckung riss mich aber unvermittelt aus meinen Gedanken. Da lag jemand, ungefähr zehn Meter flussabwärts von mir entfernt, quer im Bachbett. Er war ein ziemlich gross gewachsener, kräftiger, aber doch eher schlanker Mann. Die Arme hatte er nach vorne ausgestreckt. Diese, und vor allem auch das Gesicht, befanden sich unter Wasser. Aus den Wellen ragten der Hinterkopf, mit aufgesetztem Jägerhut, sowie der Rücken mit umgeschnalltem Rucksack, aus welchem ein Stangenbrot schaute.

Alles, was von diesem Mann nicht vom Wasser überspült war, trug eine feine Schneeschicht.

Mit weichen Knien hastete ich zu Vater in den Stall zurück. Dieser konnte meinen kurzen Schilderungen kaum glauben, eilte aber mit mir an den Bach. Er hatte den Toten kaum erblickt, als er ausrief: „Das ist ja Albin, die Feldschlange!" Den Spitznamen hatte man ihm gegeben, weil er ein gefürchteter und durchtriebener Wilddieb war, dem man aber nie etwas Konkretes beweisen konnte. Obschon er auch ab und zu einen prächtigen Rehbock nicht verschmähte, tat er sich vor allem an den damals grossen Feldhasenbeständen gütlich. Meister Lampe war auch in den Schonzeiten nie vor der Feldschlange sicher. Nach einem kurzen, entsetzten Staunen wollten wir ins Haus zurück, um die Polizei zu rufen. Aber ein Fahrzeug der Staatsanwaltschaft brauste bereits auf der, dem Bach entlang führenden, Strasse heran. Jemand musste vor mir den Toten im Bach gesehen und unverzüglich Meldung erstattet haben.

Am östlichen Bachrand, zur Strasse hin, stand eine Reihe, ungefähr zwei Meter hoher Fichten, welche, leicht verschneit, an Weihnachtsbäume erinnerten. Von dort aus nahmen vier Beamte unverzüglich ihre Ermittlungen auf. Dabei wurden sehr viele Fotos geschossen. Es dauerte nicht allzu lange, bis der Hergang des tragischen Unfalls von Albin Schaad, mit höchster Wahrscheinlichkeit, feststand. Albin war beim Alkoholkonsum nicht eben zurückhaltend, ausgenommen er ging auf die Pirsch. So hatte er, wohl auch bei diesem verheerenden Unglück, „etwas wenig Blut im Alkohol".

So geschah es einmal, bei scheusslichem Wetter – es regnete in Bindfäden – als mein Vater mit einem grossen Schirm, zu später Stunde, heimwärts schritt. Er sah plötzlich vor sich eine dunkle Gestalt im Strassengraben sitzen. Er zückte sein Feuerzeug und erkannte nun die Feldschlange.

Albin floss das reichliche Regenwasser über den Körper, wobei ihn dies offenbar kaum zu stören schien, denn er ass genüsslich ein riesiges Salamibrot. „Um Gottes Willen, steh doch auf; du kannst dir hier ja den Tod holen", sagte mein Vater und reichte ihm die Hand. Darauf knurrte die Feldschlange barsch: „Lass mich in Ruh!" Makaberer Weise trug sich dieses Vorkommnis unweit der Stelle zu, wo Albin Jahre später in den Bach stürzte und ertrank.

Hätten die Tiere von Feld und Wald den Albin so daliegen sehen und mitbekommen können, wie er in einen Sarg gepackt und weggeführt wurde, hätten sie bestimmt, auf einer idyllischen Waldlichtung, den grossen Karneval der Tiere veranstaltet. Warum so viele Leute von Albin Schaads Wilderei sehr genau gewusst hatten, ihn aber nie an die zuständigen Behörden verrieten, ist mir eigentlich auch heute noch schleierhaft.

So erinnere ich mich, wie mein Vater und ich mit dem Aufladen von Gras beschäftigt waren, als die Feldschlange, mit seinen langen Schritten, uns vom Wald her entgegen kam, knapp grüsste und auf das Dorf zuschreiten wollte. Vater sah, dass aus Albins Rucksack zwei Hasenpfoten ragten. „Albin, pass auf, aus deinem Rucksack winkt einer", rief ihm mein Vater nach. Mit seiner bekannten, dunklen Stimme bedankte sich der Wilddieb, verstaute seine Beute besser und ging hastig weiter. Albin soll auch eine zusammenklappbare Flinte, die er stets unauffällig im rechten Hosenbein trug, besessen haben. Einmal hatte ihn, des Nachts bei Mondschein, der Wildhüter verfolgt, wobei Albin seine Flinte blitzschnell noch in eine Felsspalte werfen konnte, bevor ihn der Aufseher gründlich untersuchte. Einmal mehr gelang es nicht, der Feldschlange den Waffen- oder Beutebesitz zu beweisen.

Albin soll oft, wenn er mit Riesenschritten an den Waldrändern entlang gehuscht war, einen langen Stock mit sich getragen haben. Man sagte, er hätte die Hasen, welche sich, vor der Flucht, zuerst im Gras duckten, mit diesem langen Stock erschlagen können. Die Geister schieden sich darüber, dass Albin tatsächlich dermassen flink gewesen sei. Meinem Vater gegenüber hatte er allerdings mal damit geprahlt, dass es ihm immer wieder möglich sei, Hasen auf diese Weise zu erlegen.

Die Zeit

Frau Muse und Herr Stress unterhielten sich über das Thema Zeit:

Frau Muse: „Schönen guten Tag, Herr Stress! Kommen Sie, setzen Sie sich doch hier zu mir auf die Bank und geniessen Sie mit mir diesen wunderschönen Tag; wir könnten dabei etwas plaudern."

Herr Stress: „Wo denken Sie hin, gute Frau, ich hab' doch keine Zeit! Sollte schon längst bei Frau Hast und Herrn Tempo sein; wir planen zusammen eine geschäftige Hetzerei."

Frau Muse: „Habe keine Zeit, haha! Das ist doch eine der verbreitetsten Behauptungen, oder sogar Not-Lügen. Jedem Menschen steht doch – abgesehen davon, wie alt er wird – genau gleich viel Zeit zur Verfügung; eines jeden Tag zählt schliesslich vierundzwanzig Stunden, nicht mehr und nicht minder, sei er arm, wie eine Kirchenmaus, blinder Bettler in irgendeinem Elendsviertel oder ein Milliarden schwerer Unternehmer."

Herr Stress: „Haben Sie noch nie davon gehört, dass Zeit Geld ist?"

Frau Muse: „Selbstverständlich habe ich auch diesen Spruch schon mehr als genug gehört. Es trifft auch zu, dass die Zeit mit dem Geld ein paar Gemeinsamkeiten hat; so können zum Beispiel viele Leute mit beidem nicht richtig umgehen. Sie vermögen weder die Zeit, noch das Geld richtig einzuteilen. Einverstanden, die Zeit ist wertvoll, ja gar kostbar. Man sollte sie daher mindestens ebenso wenig wie das Geld vergeuden. Mit Zeit wird sogar im weiteren Sinne reger Handel getrieben. So verkaufen wir einen ansehnlichen Teil, der uns zustehenden Zeit, unserem Arbeitgeber. Mit dem daraus resultierenden Lohn kaufen wir ebenfalls Zeit. Zum Beispiel:

Kostbare Minuten für Gespräche am Telefon, Eintrittskarten für stundenlange Veranstaltungen jeglicher Art, gleich wochenweise buchen wir die Ferien, und so weiter."

Herr Stress: „Schon gut, schon gut! Nun habe ich aber bereits genug Zeit verloren; wo möglich komm' ich noch zu spät zur erwähnten Sitzung."

Frau Muse: „Schon wieder so eine dieser häufigen, aber dennoch fragwürdigen Redensarten. Fast alle Leute wollen nämlich immer wieder Zeit verloren haben. Seltsam ist nur, dass recht wenig von der vielen angeblich verloren gegangenen Zeit aufgefunden wird. Die Zeit zerrinnt einem wie Wasser zwischen den Fingern der hohlen Hand. Während man das Wasser aber aufbewahren kann, sei es im Glas, in einer Flasche, einem Becken oder gar im Stausee, ist dies bei der Zeit unmöglich. Sie ist ein Gut, das – im Gegensatz zu vielen anderen Dingen – absolut gerecht verteilt ist. Einem Milliardär dürften die Geldmittel wohl kaum ausgehen. Für den blinden Bettler hingegen stellt sich jeden Tag erneut die Frage, ob er wenigstens so viel erhält, um sich halbwegs ernähren zu können. Mit der Zeit scheint es sich wohl komplett umgekehrt zu verhalten, was jedoch ein völlig subjektives Empfinden ist. Wenden wir uns von den beiden erwähnten Extremen ab und dem Durchschnittsbürger zu. Dieser teilt seinen Vierundzwanzigstundentag in ungefähr drei gleich grosse Teile ein. Acht Stunden verkauft er, wie schon angeführt, seinem Arbeitgeber oder er investiert dieses Drittel in eine selbständige Tätigkeit. Das zweite Drittel benötigt er für Schlaf- oder Ruhephasen. Die restlichen acht Stunden verbleiben für alle anderen Aktivitäten wie Essen, Trinken, Arbeitsweg, Gesellligkeit, Weiterbildung, Sport oder andere Hobbies. Mit dem Erlös aus dem ersten Drittel unserer Zeit bestreiten wir nicht nur die anderen beiden, sondern auch Wohnung und Lebensunterhalt. An den Wochenenden, in den Ferien und nach Eintritt in den Ruhestand verschiebt sich die als Beispiel angeführte Zeiteinteilung natürlich erheblich. Auch tendiert der heutige Mensch im allgemeinen dazu, Arbeit und Ruhe zu Gunsten des dritten Parts mehr und mehr zu reduzieren, was dann, fast häufiger noch als zu viele Arbeit, zu jenem Phänomen führt, das Ihnen, Herr Stress den Namen gegeben hat."

Herr Stress: „Mist! Nun habe ich wohl die Sitzung ohnehin verpasst. Jetzt spielt es auch keine Rolle mehr. Vielleicht können Sie mir dafür noch sagen, was denn diese Zeit, die mich stets so im Banne hält, eigentlich genau ist."

Frau Muse: „Die Zeit ist weder ein Element noch Materie, daher kann man sie auch nicht horten und lagern. Sie ist vielmehr eine Dimension; wie die andern drei Dimensionen ist sie, wenigstens für unser Auffassungsvermögen, ohne Anfang und ohne Ende. Um mit der Zeit besser umgehen zu können, sollten wir uns etwas mit den Zeiten, wie wir sie auch vom Sprachunterricht her kennen, also Vergangenheit, Gegenwart und Zukunft, befassen. Obwohl – ganz theoretisch gesehen – die Gegenwart lediglich der Schnittpunkt ist, an dem die Zukunft zur Vergangenheit wird, man könnte es mit dem Cursor eines Computers vergleichen, sollten wir immer wieder versuchen, vor allem die Zeit mehr zu gewichten. Hier ein Beispiel: Sie sitzen am Tisch und essen einen Teller Suppe. Die Suppe im Teller ist die Zukunft, der Löffel, der zum Mund geführt wird, die Gegenwart, und fliesst die Brühe durch Ihren Bauch, wird sie bereits zur Vergangenheit. Ähnlich verhält es sich beim Geniessen einer Flasche Wein oder vielen anderen Sachen. Es gibt aber auch Situationen, in denen die Gegenwart bedächtiger und ausgeprägter empfunden werden kann. So beim Lauschen des Vogelgesangs oder eines wunderschönen Musikstücks, beim Bestaunen und Beschnuppern einer prächtigen Blume, bis hin zum Geniessen wonniglich süsser und zärtlicher Zweisamkeit. Aber auch sehr negative Empfindungen, wie Kummer und Schmerz, können, subjektiv gesehen, eine anhaltende Gegenwart bedeuten. Nehmen wir uns also doch immer wieder Zeit für das, was mein Name bedeutet – etwas Muse – und lassen wir uns nicht durch das Planen der Zukunft einerseits und der Beschäftigung mit Vergangenem andererseits ganz absorbieren."